We Wanted Workers

Unraveling The Immigration Narrative

移民の政治経済学

George J. Borjas

ジョージ・ボージャス

岩本正明 訳

白水社

移民の政治経済学

ジェーンに

移民の政治経済学＊目次

装幀＝小林剛　組版＝鈴木さゆみ

第一章　イントロダクション

過去数十年の間、米国はかつてないほど世界経済と一体化した。その進度は二十世紀前半を上回る。こうした経済の一体化は、全世界で進行するグローバリゼーションの重要な要素であり、他国との貿易が大幅に増えただけではなく、米国への移民も急増したことが大きな特徴だ。一九七〇年から二〇一五年にかけて、輸出と輸入を足した額が国内総生産（ＧＤＰ）に占める割合は十一パーセントから三十パーセントに拡大した。労働力に占める外国生まれの人々の割合は五パーセントから十六パーセント超まで増えた。いずれもおよそ三倍だ。

当たり前のことだが、移民と国際貿易には多くの共通点がある。国境を越えて移動するという点では両者は同じだ。貿易の場合、製品がある国からほかの国へ輸送される。移民の場合には、国境を越えて移動するのが生身の人間だ。

財の二国間の移動を移民の一種だと想像してみよう。それほど難しいことではない。一般的に使われているある製品を輸入するとは、いったいどういうことなのか？　そのことについて考えてみてほしい。その製品は空から落ちてきたわけではない。原材料と労働を投入して作られたものだ。その製品が中国で作られたとしよう。製品を一つ作るために、一人の高技能労働者が六カ月かけてデザインし、二人の低技能労働者が丸一年かけて無形の金属から求められた製品の形に仕上げたのかもしれない。ある意味では、中国製のその製品を輸入するということは、一人の高技能労働者を半年間、二人の低技能労働者を一年間、移民として受け入れることと似ている。別の言い方をすれば、移民は貿易のようなもので、最終製品を輸入するのではなく、代わりにその製品を国内で作ってくれる労働者を受け入れるのだ。

労働者の二国間の移動と財の二国間の移動を同じものとして見る。こうした見方が、我々の移民に対する考え方に影響を与える。自国民が求めるものを作るという特定の労働需要を満たしてくれることを、政府は移民に対して求める。移民はそうした需要を満たすためならどこにでも行くような労働投入を提供してくれる存在である。こうした考え方だ。米国ではレタスを収穫したり、芝生を刈るために低技能労働者が必要で、ソフトウェアを開発したり、大学の教員として高技能労働者が必要だとよく耳にする。こうした単純労働をこなしてくれる外国生まれの低技能労働者は次から次に現れ、多くの高技能労働者もプログラミングコードを書き、大学で教えるために米国に移住することを望んでいるように思える。

こうした非常に視野の狭い観点から見ると、移民は必要だがやり手のいない仕事をやってくれるだけで、我々の文化的、政治的、社会的、そして経済的な生活には全く関与しない存在だ。我々の子供たちが通う学校はこれまで通りで、社会保障制度にも影響を与えず、政治の世界における力関係も変わらず、近所の日々の生活にも特に変化はない。

過去数十年の研究成果では、国際貿易は概して米国経済に非常にプラスの影響を与えることが示唆されている。こうした研究成果が、「労働者の移住」も好意的にとらえる本能的な先入観を生み出している。国際貿易が多くの人々にとって有益であることをすでに知っている。それゆえ、製造ラインの穴を埋めてくれる大切な外国人労働者を受け入れることも有益に違いないという理屈だ。結局、外国人労働者を受け入れることは、製品を輸入するのと同じようなものだととらえているのだ。

一九五〇年代にはこうした見方に基づいて、西ドイツ（とほかの欧州諸国）は積極的に「ゲストワーカー」〔一時的な出稼ぎ労働者〕をトルコなどの国から大量に受け入れた。ゲストワーカーに期待されていたことは、働いて製品を作ることだけだ。つまり、西ドイツ政府はこうした労働者をただの単純労働力であると見なした。移民も財の輸入と同じように有益に違いないという考え方の背後にあるのはこうした見方だ。彼らは文化的、あるいは政治的な意味でドイツの一部とは見なされなかった。ドイツで生まれたこうした移民の子供たちは、一九九〇年代までドイツ国民になる資格すら与えられなかった。短期的には、移住してきた労働者たちは製品を作るという与えられた仕事をこなした。効率良く、多くの製品を作ったのだ。こうしたゲストワーカーの働きが、おそらく戦後の西ドイツの奇跡的な経済発展の重要な要素だったはずだ。

移民をロボットのような労働者の集団と見る視野の狭いレンズを通して世界を見ると、彼らは経済的にプラスだと思える。ところが、移民をより広く、より長期的な観点から見ると、事情が大きく変わる。一、二年間だけ組み立てラインで働くために移住してきた「短期」労働者が与える影響は、時間が経つにつれて単に工場の中での貢献だけではとどまらなくなる。二〇一一年には、トルコ人移民とその子孫がドイツの人口に占める割合は約四パーセントに達し、いかに彼らをドイツの社会にうまく溶け込ませるかが同国では中心的な政策課題となっている。数百万人のゲストワーカーをめぐる欧州諸国の経験を踏まえ、スイスの戯曲家で小説家でもあるマックス・フリッシュは次のように述べた。「我々が欲しかったのは労働者だが、来たのは生身の人間だった」。おそらく移民の本質を最も言い当てている言葉だ。[*1]

この本の土台となるテーマの一つは、移民を単なる労働投入だと見なすことは彼らに対する誤った評価につながり、彼らの経済的影響に関する理解が不完全なものになるということだ。移民は単なる労働者ではなく生身の人間であり、移民の本当の影響を理解するには、彼らは自分たちの行動がもたらす利益をはかりにかけながら、行動を決めるということを考慮に入れる必要がある。彼らが下した選択は、間接的な影響や意図せざる結果をもたらす。移民は工場内での仕事ではプラスの影響をもたらすが、間接的な影響や意図せざる結果はそうしたプラスの影響を拡大することもあれば、減ずることもある。

例えば、移民を送り出す国の国民全員が移住したいわけではないのは明らかだ。移住がもたらす経済的利益がいかに大きくても、多くの人は祖国に残る道を選ぶ。移住する人々は祖国に残る人々とは大きく異なっている。例えば、異なるモチベーションを持ち、異なる能力を持つ。移民の影響を正確に測るには、有名な商品の工場のラインを担う労働者の数を数えればいいというわけではない。受け入れ国がどのようなタイプの人々を惹きつけるのかにも目を向けなければならない。〔『スター・ウォーズ』の登場人物で死者と交信する力を持つ〕オビ＝ワン・ケノービを通してマックス・フリッシュの考察を受信し、受け入れ国が「我々が求めている労働者ではない」と判断しても驚くべきことではないだろう。

移住先の国に腰を据えたあとにも、彼らには多くの選択が待っている。単に労働者を組み立てラインに配置させることが移住であるならば、移民が現地の社会と同化するかどうかなど心配する必要はないだろう。工場のラインできちんと働いてくれる限り、彼らが受け入れ国の言葉を学ぶかどうか、文化や社会、政治における規範を受け入れるかどうかは大した問題ではない。

ところが移民は人間であり、彼らは選択をする。新しい環境に同化するかどうかは、すべての移民が下さなければならない極めて重要な決断だ。欧州諸国が経験しているように、移民の現地社会への同化は自然に起きるものではない。同化しない人の数が増えれば、多くの難しい課題が発生する。移民の立場から言えば、同化することには多くの利点がある。例えば、より収入の高い仕事を見つけられるかもしれない。一方で、多くのコストも伴う。新しい現地の言葉を学ぶには時間がかかるし、慣れ親しんだ祖国の慣習や考え方を捨てなければならないかもしれない。自分が置かれた環境において同化することが最善の利益になるとき、移民は同化する道を選ぶ可能性が高い。

移民をただの労働力として見ると、彼らは子供を生まないように思えるが、人間であれば子供を生む。彼らが子供を生み、その子供たちも子孫を残すということは、現在の移民の影響は未来永劫続くことになる。さらに、現実の世界の移民は民族というラベルを付けている。彼らは同じ民族同士で一つの地域に集まるが、それは統合を妨げ、多くの社会的、政治的な影響をもたらす。社会と同化するかどうかはそれぞれの移民グループで異なる。受け入れ国の文化や慣習に染まるよう第二、第三世代を育てるグループもあれば、そうでないグループもある。

おそらく人種のるつぼの環境の中では、移民の子孫たちは受け入れ国の社会に完全に溶け込む。二十世紀初頭に〔移民局が置かれていた〕エリス島に到着した移民の子孫は、完全に現地社会と同化した。あるいは、以前の移民が時間をかけて社会に統合できたのは、二十世紀の米国特有の文化的、政治的、経済的な環境によるもので、こうした状況が時代の異なるほかの地域で再現されるのは難しいのかもしれない。

移民はまた、社会保障制度とのかかわりを通じて経済的影響をもたらす。移民をただの労働力として見る視野の狭い見方を取ると、彼らにも工場の出口の外での生活があるという事実を見落としてしまう。移民も病気になり、事故に遭い、家を失い、宝くじに当たり、予期せぬ運命のいたずらに翻弄される。そして我々と同じように、何か悪いことが起こったときは助けを必要とするのだ。

米国の社会保障制度では、最貧困層だけではなくワーキングプアにも支援の手が差し伸べられる。

移民をただのロボットのような労働者とは見ないより広い視点に立つと、移民が財政に与える影響が彼らの技能レベルに左右されることは明らかだ。彼らが高技能労働者であれば、財政収支にプラスの影響をもたらす。社会保障がらみの歳出はほとんど増やさない一方、歳入には寄与する。受け入れ国の国民の高齢化に伴う高額な社会保障の費用の一部を負担してくれるのだ。一方で、移住してくるのが低技能労働者であれば、国民の財政負担を大きくする存在になるかもしれない。

つまり、移民をどのようにとらえるかによって、移民の評価は大きく変わってくる。彼らを単に労働力と見なすのか、より広い視点で彼らを生身の人間と見るのか。ただ、これらの見方に左右されない重要な部分もある。いずれにせよ移民は労働供給を増やし、彼らがもたらす「サプライショック」は労働市場の環境を変える。分かりやすい例を挙げると、ある特定の仕事ができる人の数が増えれば、その仕事の求職者に雇用者が払う賃金は下がるだろう。同時に利益を得る人々もいる。労働者に払う賃金が下がるということは、雇用者の利益が増えるということにほかならない。結局、移民の受け入れによって生活が豊かになる人もいれば、貧しくなる人もいるということだ。

移民をロボットのような労働者ではなく、生身の人間と見るより広い視点に立つと、重要なことが分かってくる。ある特定の時代、特定の場所で移民がもたらした特定の影響は、次のサプライショック(移民の大規模流入)が起きたときに再現されるとは限らないということだ。別の言い方をすれば、大規模な数の移民がある国から別の国に移住したときに、何が起こるかを機械的に予見できる魔法の公式は存在しないということだ。その移住の背後にどういった要因があるのか、受け入れ国がどのような環境なのか、そうしたことに多くのことは左右される。

より広い観点から、移民が米国にもたらす経済的影響に関して学んできた教訓を本書ではまとめている。著者である私自身も移民であるが、本書は移民に関するイデオロギーを説き聞かせる内容ではない。道徳心に訴えることもないし、彼らを賛美したり悪役にすることもない。本書で繰り返し述べることは、移民が国民にもたらす経済的な利益や損失は一様ではないということだ。簡単に言えば、移民の受け入れで儲ける人がいれば、損をする人もいる。あらゆるイデオロギーの装飾や意図的なぼかしを取り除いて裸にすれば、移民をありのままに見ることができる。移民とは単なる富の再分配政策なのだ。

ある一定の条件の下では、移民で儲けた人々の利益の合計が損をした人々の損失の合計を上回る。そのため、(国際貿易のように)移民は国富を増やす。一方、生活保護を受ける移民の急増に伴う財政負担や、社会に同化しない外国生まれの人々がもたらす社会的コストを含めたほかの状況次第では、移民がもたらす利益が大幅に減る、または差し引きマイナスになる可能性も十分にある。

壮大かつ普遍的な言葉を使うのではなく、より包括的で現実的なアプローチを取るべきだ。何が移民の経済的影響を左右するかを考え、移民が我々にとって有益になる、もしくは負担になる様々な要因を分けて考えなければならない。そうしたアプローチを使えば、誰が利益を得て、誰が損をするのか特定しやすくなる。最終的にはこうした本質的な理解が、(もし政府が望むならば)移民を活用し、移民がもたらす経済的影響を国民の間で均等にするような移民政策を考える上で役に立つ。

私はおよそ三十年間、経済学の世界で移民の研究に携わってきた。研究の一環として、複雑な数式モデルや理論を構築し、移民の経済的影響を立証するために数百万人のデータを調べた。

本書では、移民について既に知られている事実がどのように分かったのかを誰にでも分かるようにまとめ、いかにして結論を得たのかを分かりやすく説明し、通常は分厚い脚注に隠れている但し書きに光を当てた上で、そうした結論や主張が信じるに値するのかどうか、問題提起することを目的とした。「事実」とされていることがどのように導き出されたのかを知れば、既に知っていることをさらに深く理解でき、今後何をすべきかについてより良い判断力が身につく。

一九八〇年代初頭に私がこの研究を始めた当時、移民は経済学の世界でも米国の社会政策の議論においても主な関心の対象ではなかった。実際、移民の研究は経済学の世界では極めてマイナーな専門分野であったと言っても間違いではない。移民政策に関する議論においても、不法移民だけがかろうじて関心を持たれていた（関心は高まっていたが）程度だったと言える。

時代は確実に変わった。現在では、移民はまさに最も世論を二分する政治問題となった。そして労働経済学者（いかに労働市場が機能するかを考察することを専門にする集団）の世界でも、移民は中心的な研究対象となった。学術誌に掲載された多くの研究論文が、様々な観点から移民の問題を扱っている。

学術研究と政策論争は、お互いに持ちつ持たれつの関係だ。政治的な議論が過熱すると、特定の政策的立場を擁護し、議論の土台となる情報に対する需要は高まる。言うまでもないが、需要があるところに（特に研究者に対して研究資金が提供されれば）供給がある。今ではますます多くの経済学者が移民問題に取り組んでいる。あまりに多くの論文が書かれているため、あらゆるテーマに精通するには、関係する論文を精読するのに数カ月を要するだろう。理論の細かいニュアンスや検証作業でよく使われる統計手法を完全に理解するには、おそらくさらなる時間を要する。

著名な英国の知識人であるオックスフォード大学のポール・コリアー教授は二〇一三年、『エクソダス――移民が変える世界』という本を出版した。彼自身は学者として移民問題を研究したことはなく、貧困国に対する政府開発援助の影響や地球温暖化をめぐる政治など広範囲なテーマについて影響力のある本をたくさん書いてきた。同書の要点を言うと、移民の数が急増するにつれて彼らが受け入れ国にもたらすとされている大きな利益は大幅に減少するが、それでも移民の流入は止まらないということだ。大規模で途切れることのない移民の流入は、多くの（ときに有害な）意図せざる影響をもたらすと主張する。

この結論についてどう思うかは人それぞれだと思うが、執筆の下調べとして読んだ多くの社会科学の研究に対する彼の全般的な理解を読むのは、特にためになると感じた。

> 移民に対して敵意を向ける狂信的な排他主義者や人種差別主義者はことあるごとに、移民は国民にとってマイナスだと主張する。当たり前のことだが、こうした主張には反論が出る。彼らに手を貸してはならないと、社会科学者はあらゆる手段を駆使して移民が我々全員にとっていいことだと証明してきた。[1]

ご察しの通り、これは移民を対象とした社会科学の研究の価値を批判する言葉だ。移民の影響を計算してみたら、「我々全員にとって良かった」という判然としない通説を、社会科学者が作り上げようとしてきたとコリアーは述べた。私の知る限り、著名な学者の中で公にそう述べたのは彼が初めてだ。私はこれまで、そうした主張を公でしたことはない。ただ私は長い間、（それだけに限らないが、特に経済学以外の社会科学において）多くの研究の背後にはイデオロギーがあると疑ってきた。研究結果は検閲され、ふるいにかけられ、移民の利益を誇張し、損失を矮小化するように証拠を積み上げてきたのではないかと疑ってきた。

多くの抽象的な前提条件やデータ操作が重なれば、証拠の信ぴょう性に影響を与える。数百万人の調査に基づくデータを分析するコンピュータプログラミングは、数千とまではいかないが数百のコードから成り、一見無害なプログラミングの条件設定やサンプル選びが、全く異なった結果を生み出す。

どのような前提条件やデータ操作がその主張を左右したのかを細かく特定するために、発表された論文を細かく調べるには途方もない時間と労力がかかる一方、そうした作業によって専門家として得られる恩恵はほとんどない。

移民の影響に関する巷の主張を信用する前に、その主張を裏付ける研究の仕組みを注意深く調べることが極めて重要だというのが本書の立場だ。私は可能な限り分かりやすく、移民の研究において頻繁に引用されるデータについて、またいかにそうしたデータが操作されているかについて論じるつもりだ。恣意的な前提条件を設定し、不審なデータ操作を行い、不都合な事実を見落とすことで、コリアーが見抜いたような見え透いた通説がいかに作り出されてきたのか、本書では様々なケースを見ていく。

移民を研究する社会科学者が特定のイデオロギーに肩入れして研究していると一貫して非難し、本書で展開する私の論調が通説から完全に逸脱している（私は移民は一部の人には利益はあるが、必ずしも我々全員にとってプラスではないと強く訴える）ことを考えると、ここで私自身の経歴に少し触れておいた方がいいだろう。そうすれば、読者は私がどういった過去を持ち、なぜ私の見解が政治的には正しい通説から外れたものになったのかが分かる。

私はキューバで生まれた。一九六二年に十二歳になったのだが、その誕生日の二日後に母親と共に米国に移住した。一九五九年にフィデル・カストロが首相に就任するまでは、家族の誰かが米国への移住について話をしていた記憶はない。おそらく私の子供時代は父親がずっと重い病を患っていたため、どこか遠くへ引っ越すことは可能性として考えられなかったのだと思う。米国に行くことも、それほど関心のないことであったように思えた。革命前に米国を訪れたことのある人は近親者にもいなかった。

私の家族は男性用ズボンを製造する小さな衣類工場を経営しており、決して裕福ではなかったものの、快適な生活を送っていた。工場ではおそらく二、三十人の従業員が働いており、多くは親族だった。私は労働と資本が投入され、市場で売られている製品を作っていた工場の中で多くの時間を過ごしてきたと言える、稀有な経済学者の一人だ。実際は、整頓して積み上げられた出荷前の大きなズボンの山を登ってばかりいただけだが。

共産党が政権を握ってすぐ、工場は政府に押収された。ある日、政府のトラックが工場に来て、縫製機や備品を荷台に乗せて立ち去り、工場は格納庫のようにもぬけの殻になったのを覚えている。家族は次第に移住について口にするようになり、カストロがすべての子供を再教育のために農村地域に送るといううわさが流れ始めると、移住はいっそう喫緊の決断事項となった。両親はどんな妨害に遭っても、私をそうした運命から救うことを決意し、私一人だけを国外に行かせることも厭わなかった。ところが、父親の体調が急速に悪化していたことから、タイミングを逃したままとなった。

一九六一年の春に二つの大きな出来事が起きた。父親が亡くなり、その直後にピッグス湾事件が起きて失敗に終わったのだ。私は〔反カストロの亡命キューバ人部隊がキューバへの〕侵攻に失敗した日の朝を覚えている。私たちはハバナの近くにある軍事基地近郊に住んでおり、戦闘機がその基地を攻撃するために急降下した。おそらく午前四時か五時ごろの早朝の時間帯で、戦闘機の飛行音と大きな爆発音が聞こえ、一連の出来事はハリウッド映画のようだった。その日の朝、もしくは通常の生活に戻ってから数日後だったかもしれないが、私がハバナにある有名なカトリック学校（二校あるうちの一校）に通うために乗っていたバスが校門の前で停まると、軍人がバスに乗り込んできて、学校が閉校となったことを私たちに伝えた。[*2]

私は地元の「革命学院」に転校した。そこでは過激な思想に侵されたように見える若い男が教えるマルクス・レーニン主義の馬鹿げた教えを聞く授業ばかりだった。以前の学校では初等代数学を学んでいたのが、急にマルクスとレーニン、キューバ革命を頭に叩き込まれたのだ。私の神経系は今でもそのショックから完全には立ち直っていない。それでも私の革命学院での成績は良かった。当時の私は脳が受けつけないような意味不明な内容でもいったん記憶し、おうむ返しに繰り返した上で、脳から完全に消去するという不思議な能力を持っていた。実際、私の学校での成績が抜群だったことから、すぐにマーチングバンドに参加するよう求められた。そのバンドは宇宙飛行士のユーリイ・ガガーリンがハバナを訪問したときなど、様々な公式のイベントにも参加した（キューバの共産党執行部の前で正装に身を包んで太鼓を叩く若いころの写真を子供たちに見せたかったとよく思ったものだ）。

革命学院では二つの貴重な人生の教訓を学んだ。まず第一に、私はイデオロギーの論争が大嫌いになった。学界でよく目にする極左の急進派から一部で人気を博す厳格なリバタリアンまで、私はイデオロギーの信奉者とは一貫して距離を置いてきた。そして第二に、過激な思想に侵されている教師を見ることで、権威を信用せず、専門家の意見には極めて懐疑的であろうと思うようになった。今でも専門家の意見に対してはシニカルだ。

一九六一年春の一連の出来事を経て、あとはカストロ政権から出国許可が下りるのを待ち、パンアメリカン航空が一日に二便運行しているハバナ発―マイアミ行きの航空機の席を予約し、米国から入国ビザを発行してもらうだけとなった。私と母親は一九六二年十月十七日についに出国した。ハバナ空港で最後の嫌がらせを受けた後、私たちは午前の便に乗り、すぐにマイアミに到着した。偶然にもその前日に、ケネディ大統領はソ連がキューバに中距離弾道ミサイルを配備したことを知らされていた。それから一週間も経たないうちに、キューバ危機で全世界が恐ろしいこう着状態に陥った。多くのキューバ人を新天地に運んできたパンアメリカン航空は運行を休止し、亡命者の出国は突然途絶えた。かなり時間が経った後の話だが、こうした重大な出来事を間近で見た経験が、私の移民に対する専門家としての関心に火をつけることとなる。

新たに入国したキューバ人の書類手続きを行う管理センターに初めて足を運んだときの経験から、新たな教訓を学んだ。マイアミ中心街に近いフリーダムタワーは、亡命者にとってのエリス島のような場所だった。マイアミに着いて一日か二日後に、母親と二人で必要な書類を入手したり必要な登録をするためにそのセンターを訪れたことを覚えている。センターの職員は、キューバ人がマイアミ以外の地域でも住めるように積極的に手配した。我々がもっと米国本土のいたるところに散らばるように、航空券や定住資金を手渡したのだ。

私たちを担当した職員は、私たちにロサンゼルスに住むよう勧めた。映画好きの十二歳の少年にとって、カリフォルニアに住むという話は極めて魅力的だった。母親はその話に乗ろうとしていたのが分かった。ところが話し合いの途中で、私たちの後ろに立っていた人が警告のつもりでこう言ったのだ。「カリフォルニアには行くな。あそこは地震がある」。その言葉で話は流れた。私はよくこの時のことを思い出す。私は成人してからかなりの時間を、移民の行動に関する数学理論を作るのに費やした。数式モデルは有用で、現実を俯瞰して見ることを可能にするが、心のどこかでは実際の現実はこうしたモデルのようにはいかないことが常に分かっていた。現実の出来事を左右するのは、サンアンドレアス断層について誰かが叫んだような他人の偶然の言葉だったりするのだ。

マイアミでは、住人の三分の一がキューバ人という地域に住んだ。学校には数人の米国人の友人もいたが、私の友人や知り合いのすべてがキューバ人だった。その地域には、出国前にキューバから物資を輸送しておくほどの先見性や手段を持つ裕福な亡命者はいなかった。全員が数着の服とちょっとした荷物だけを持って出国した。とても苦しい立場だったが、一九六〇年代初頭のマイアミでの生活の記憶は極めて楽しいものだ。私はすぐに自転車を手に入れた。それは人生で一度しか味わったことのない自由の感覚だった。私と友人はデイド郡の端から端までその自転車で行ったはずだ。もちろん子供たちだけでだ。

私たちの隣人の多くは専門職を持つキューバ人で、収入は低かったが多くの人的資本を持ち、精力に満ちあふれていた。私が病気になると、もともと内科医だったが米国では製造工場で働いていた隣人が診断し、「処方せん」をくれた。薬局で働いていた同情心の強いキューバ人は何の質問もせずに、喜んで「処方薬」を出してくれた。こうした多くのキューバ人の医者は、後に米国の医学界で身を立て直し、数十年後には開業医として成功を収めたはずだ。

同様に、私の母は親族の知り合いが始めた衣類工場ですぐに仕事を見つけた。その知り合いはハバナでは競合相手だったズボン工場を経営していたのだが、どういうわけかマイアミで小さなビジネスを立ち上げる資金を持っていた。仕事は賃金が安く、不定期だったが、それでもそのおかげで母親は米国で新しい生活を始めることができた。（カストロ政権は一時的な悪夢にすぎず、すぐに終わると信じていた多くの亡命仲間と違い）彼女は米国にずっと住むつもりでいた。

こうした経験から、私は移民コミュニティに対しては極めて同情的だったし、祖国を追われつらい時期を乗り越えようとしている人々を、そうしたコミュニティが優しく迎え、助けてきたことを常に忘れないでいた。

当時のマイアミではキューバ人の仕事の機会が限られていたことから、私の母はニュージャージー州ホーボーケンにまもなく引っ越した。そこにはキューバから亡命した母親の二人の姉妹が移り住んでいた。今とは違い、ニューヨークの郊外にある高級住宅街という位置付けではなく、二十世紀初頭のイタリアからの移民の入国口としての役割を果たした貧しい街だった（私たちはしばらくの間、フランク・シナトラの生家の向かいにある共同住宅に住んでいた）。また、多くのプエルトリコ出身の新しい移民が住み着いていた。そこでも民族は違っても、移民コミュニティが管理され、生き残り、繁栄していく過程を目の当たりにした。

それから十年経った一九七〇年代半ば、私はコロンビア大学の博士課程に在籍して経済学を学んでいた。私の博士論文のテーマは、転職の頻度とタイミングがいかに賃金に影響を与えるかだった。経済学者のバリー・チズウィックが移民の同化に関する論文の初期の草稿を、コロンビア大学の労働経済学のワークショップで発表したのはそのころだった。(2) ゲーリー・ベッカーとジェイコブ・ミンサーが始めたそのワークショップは伝説的な過去を持っていた。その二人こそが、現代の労働経済学を開拓した代表的な経済学者と言えるからだ。チズウィックの発表は、私が初めて耳にした経済学の分野での移民に関する研究論文だった。今振り返れば、彼の研究こそが現代の移民経済学の研究の始まりだったのだ。彼の主張はシンプルで説得力のあるものだった。米国に長く住んでいる移民の収入は、移住したばかりの移民を大きく上回っており、移民の経済的同化〔収入格差が大きく解消されること〕の進捗を示唆しているというのだ。

私がそのテーマに思わず興味を引かれたのは言うまでもない。発表の最中に、移民について私が知っていたすべての知識を総括するような質問をした。米国には数十万人のキューバ人が移住していたが、移民には二つの波があった。私のようにキューバ危機の前にパンアメリカン航空に乗って渡ってきたキューバ人と、その数年後に別のルートを使って亡命してきたキューバ人だ。キューバ人コミュニティの間では、次のようなうわさが流れていたのをなんとなく耳にしていた。最初の波で来たキューバ人は主に起業家や専門職を持つ人々で、二番目の波で来たキューバ人の多くは低技能労働者だというのだ。(3) 私の質問はシンプルだった。あなたの分析では、どのようにしてそうした状況を考慮に入れているのか？　結局、初期の移民の収入が高いのは経済的同化によるものではなく、ただ二つのグループが異なるタイプだからではないか。私はその後、彼とどのように議論したかを覚えていない。ただ、私はその疑問に興味を持ち続け、頭からしばらく離れなかった。

（地震があろうがなかろうが）私はようやくカリフォルニアに移り住み、一九八〇年代初頭になって、私の移民問題に対する専門家としての関心は初めて本格的なものとなった。当時、移民がカリフォルニアを根本から変え始めていた。その変化は急速だった。私の考察はどういうわけか、コロンビア大学のワークショップでチズウィックにした質問にいつも回帰する。移民の技能レベルが時代によって変わる中で、どうすれば正確に移民の同化を調べることができるのだろうか？

私が最初に手がけた論文の背後にある動機は、私が移民についてこれまで書いてきたほとんどの重要な論文と変わらないものだった。政策的な関心は研究を始める理由ではなかった。私が最初に関心を持ったのは純粋な研究手法だった。正確にどのような手法を用いれば、あれやこれを調べることができるのか。私は本能的にイデオロギーの議論を好まないため、ゆっくりと確立しつつあった学界の通説に自分の研究内容が合うかどうかは考えなかった。私の論文はいかに計測するのか、いかに考察するのかについてであり、あるがままの結果を論文に載せた。もちろん私の論文の成果は政策議論においても役に立つが、私を惹きつけたのは政策的な関心ではなく、あくまで問題解決だった。

私はすぐに、自分の研究内容が学界の通説から逸脱していることに気付いた。私は一九八五年に移民に関する最初の論文を発表した。その内容（本書で後述する）はまさに私がコロンビア大学でチズウィックにした質問に対する答えだった。以前の移民の収入が最近の移民より多いという事実は、本当は何を意味するのか？

私は二つのグループの収入格差を経済的同化の証左とはとらえず、単純に以前の移民は最近の移民よりも高技能であることをおそらく示唆していると提案した(キューバからの移民がそうであったと思うように)。そして私は、誰もが二つの説を見分けられる統計手法を考え出した。私の研究で得た証拠によれば、移民の持つ技能は長期にわたって低下しており、ある程度の経済的同化はあったものの、チズウィックの最初の論文が主張したほどではなかった。

私の最初の研究は、ロックフェラー財団からの資金援助を受けていた。私はある会議で、財団のプログラムマネジャーの一人と会った日の出来事を覚えている。私は過去のデータを使い、一九〇〇年代初頭からの移民の同化を再び検証すれば大変面白いだろうと話した。最近の移民は以前ほど「有能」ではないという似たような議論が当時なされ、熱を帯びていた。そのマネジャーの返答はぶっきらぼうだった。「なぜ君は事を荒立てようとするんだ?」。初めてそうした態度に遭遇した出来事だった。以降、何度も同じ経験をすることになる。しない方が良い質問もあるということのようだ。

それから数年後、私の研究に対して悪評が立ち始めた。一部の人から移民に懐疑的だと取られるようになったのだ。私が書いた初めての本『友人、それとも他人』が一九九〇年に出版された。[4] 私がそれまでの移民研究で明らかにしたことを同書で総括するつもりだった。ちょうど同じ時期に、ジュリアン・サイモンがより専門的な本である『移民の経済的影響』を出版していた。[5]

サイモンは著名な経済学者だった。人口過剰に警鐘を鳴らす本を数多く執筆していた同じく著名な学者パウル・エールリヒと将来の商品価格の推移をめぐり賭けで勝負したことで有名だ(サイモンが勝った)。[*3] サイモンは移民に対する関心も高く、経済学の世界における移民賛成派のリバタリアングループの長だった。『友人、それとも他人』が出版された直後、サイモン教授は私に警告をしてくれた。私が同書でまとめた不都合な事実が学界の通説を支持しない方向で利用されており、私の研究は不当に解釈されていると言うのだ。一九九〇年四月九日付で、下記のような手紙を送ってきた。

最近のいくつかの会議で、テキサス州のラマー・スミス議員や反移民派の人々が君の本を引用して、移民がわが国の経済にマイナスの影響があることを明らかにしているようだと言っている……私は当然、君の本には彼らの発言の根拠となる内容は含んでいないと思っている。もしそうした誤った解釈を見直して欲しいと思うならば、○○に手紙を書いた方がいいかもしれない。彼は移民に関する会議によく顔を出す。君が送った否定の手紙を彼が一度か二度読めば、君をそうした趣旨で利用している人々は恥ずかしい思いをするだろう。[*4]

サイモン教授が私の『友人、それとも他人』を読んだ上で、反移民的な発言の「根拠」となる内容はなかったと結論づけたのは素直にうれしい。例えばその本が書かれた当時、移民が米国人の収入にマイナスの影響があることを示した確たる証拠はなかった。私も明確にそうした証拠は「ない」と言っている。「現代の計量経済学を駆使して検証したが、移民が米国人の収入や雇用機会に目に見えるマイナスの影響を与えるという証拠は一つも見つからなかった(6)」。私の本は、移民の技能レベルは低下しており、移民の技能レベルがもっと高ければ、移民がもたらす経済利益はもっと大きくなると指摘したものだった。

私は結局、サイモン教授が提案したような否定の手紙は送らなかったが、彼には数日後に手紙を返した。「私の本の真意は何か、そんなことをあまり長々と議論したくはありません。私の本を引用するあらゆる人のあらゆる主張にいちいち応じていたらきりがありません」。

ジュリアン・サイモンの突然の要請は、当時の私に深い印象を残した。「排他主義者や人種差別主義者」が誤解した上に、調査研究のデータを引用し始めるといけないから、移民に関して学者が何かを書くのであれば、「正しく」解釈されるようにしなければならないという強いプレッシャーが確かにあった。

当初はこうしたつまづきはあったが、私は移民問題に関する研究を今日まで（ほとんど休むことなく）続けた。研究にあまりに魅了されていたため、完全に研究から離れることはできなかった。移民経済学の分野はまだ発展の余地が大きく、まだ一度も取り組まれていない疑問がたくさんある。私は本心からこうした疑問の多くの答えを見つけ出したいと思うし、その答えに最初にたどり着きたいという野心もある。これまで（特に最初のころは）多くの障害物に出会ったが、幸運なことに私は今でも疑問を見つけ、答えを探し続けている。

＊1　原書の正確な引用文は以下参照。"Wir riefen Arbeitskrafte, es kamen Menschen." Ulas Sunata, *Highly Skilled Labor Migration: The Case of ICT Specialists from Turkey in Germany* (Berlin: Lit, 2011), 275.

＊2　私が通っていたのはコレヒオ・デ・ラサール（the Colegio de La Salle）で、フィデル・カストロはもう一つの学校、コレヒオ・デ・ベレン（the Colegio de Belen）の卒業生だ。

＊3　一部のコモディティ（クロム、銅、ニッケル、スズ、タングステン）の価格が一九八〇年から一九九〇年にかけて上昇するかどうか、サイモンとエールリヒは賭けで勝負した。エールリヒは人口過剰により天然資源が不足し、コモディティ価格が確実に上昇すると考えていた。結局それらの価格は下落し、サイモンが賭けに勝った。

＊4　本書では民間機関の名前と政府関係者ではない個人の名前に関しては編集している。

第二章　ジョン・レノンがうたった理想郷

ジョン・レノンは代表曲である『イマジン』で、国境のない世界を想像してごらんと私たちに問いかけた。そんなふうに想像を働かせるのは難しくないよ、と彼の歌詞は続く。私は長年のビートルズ・ファンで、その証拠に数十年前に買った「ブッチャー・カバー」〔アルバム『イエスタデイ・アンド・トゥデイ』のオリジナル・ジャケットのこと。ジャケットはすぐに変更されたため希少価値を持つ〕のアルバムを封を切らないまま持っている。ただ、国境のない理想郷での生活を想像するのは難しくないという彼の主張は明らかに間違っている。国境のない世界というのはいったい、どういう世界なのだろうか？

経済学者はこれまで長い時間をかけて、貿易を制限する障壁を撤廃したらどうなるだろうかと考えを巡らせてきた。財や資本が自由に国境を越えて移動するようになれば、雇用や価格、所得にどのような影響があるかを考えるのが国際貿易の研究の大半を占める。

経済政策に多大な影響を与えてきたこの研究に共通するテーマは、自由貿易は世界全体の所得を増やし、各国の価格と賃金を平準化するというものだ。自由貿易も勝者と敗者を作る（安い電気製品を買っている消費者、もしくは中国の輸入と競合している製造業の従業員に聞けば分かる）が、利益の方が損失よりも大きいと一般的には考えられている。つまり、自由貿易は各国を豊かにし、同時に世界の経済格差を縮めるのだ。

ところがこれまで数十年の間、貿易の自由化は進んできたが、経済学者が期待していたような所得の増加や賃金の平準化は実現していない。北米自由貿易協定（NAFTA）が一九九〇年代初頭に議論されていたとき、北米に自由貿易圏をつくれば、メキシコ人の所得は大幅に改善し、メキシコから米国への移民は少なくなると主張する人がいた。こうした当初の見込みは実現していない。自由貿易圏ができてから十年が経過した二〇〇四年までに、ノーベル賞を受賞した経済学者であるジョセフ・スティグリッツは次のように書いている。

NAFTAは米国とその南の隣国との所得格差を縮めると期待されていたが、実際は拡大した。過去十年に十・六パーセントも拡大したのだ。一方、メキシコの実質賃金は年率〇・二パーセント下がり続け、同国の貧困削減の進捗状況は全くの期待外れだった。[1]

同様に、ニューヨーク・タイムズは二〇〇七年の記事で以下のように報じている。

NAFTAはメキシコからの不法移民を減らすという魅惑的な見通しを掲げた。貿易協定がもたらすであろう経済成長と雇用の増加をメキシコ人は享受し、国境を越えて米国に移住する必要性を感じなくなるというのだ。ところが実際は、不法移民の数は今日まで絶え間なく増え続けている。[2]

自由貿易はより豊かでより平等な世界をもたらすという期待が実現しなかったことから、新しい世代の専門家は新しいシナリオを掲げ、新しい期待を膨らませようとしている。人々の国境間の移動を妨げる移民制限を撤廃すれば、世界の所得は数十兆ドル拡大し、世界の貧困を根絶するというのだ。

人々の国境間の移動を自由にすればどうなるかを考えると、ジョン・レノンの『イマジン』の状況を想像するのはいっそう困難になる。そうした世界ではいったい何が起きるのか？　どれくらいの人が移住するのか？　新しい国境のない世界で、経済状況はどうなるのか？　数億人もの人々が国境を越えて出入りした後、ある国で経済交流を統制する制度や社会規範はどうなるのか？　豊かな国で巨大な富を生み出してきた経済や政治、社会の制度は、優勢を保って世界中に広がるのか？　それとも、貧しい国々で成長を阻害してきた非効率な制度に取って代わられるのか？

財の国境間の移動と人の国境間の移動は根本的に異なるという単純な事実が多くのさらなる困難をもたらす。移民は単なる労働投入ではない。移住先の国において、工場の組み立てラインのあらかじめ決められたポジションで働くことが、彼らの唯一の役割ではないのだ。彼らは生身の人間で、間違いなく多くの意図せざる影響をもたらす。使い古された輸入車や壊れた輸入製品を捨てるように、経済価値を搾取した後に彼らを捨てるというわけにはいかない。

移民をロボットのような労働者と見なす特有の枠組みの中で国境のない世界を想定した初めての論文を書いたのは、カナダの経済学者であるボブ・ハミルトンとジョン・ワリーだ。その論文は一九八四年に発表され、大きな影響を与えた。[3]　彼らの分析とその後に続いた研究は、根本的な問いを扱ったものだ。主権国家が移民の流入を制限する権力を放棄したら、世界の富はどうなるのか？

言うまでもないが、国境の開放がもたらす影響を推測する上で役に立つ現実世界のデータは存在しない。過去数百年に起きた（ほとんどとは言わないが）多くの大規模な移民は、戦争や社会の混乱、政治の激変、経済や環境の大惨事などが引き金となった。（仮に移民の影響に関する正確で詳細な情報を得ることができたとして）こうした過去の移住の歴史を調べても、移住の自由化によってこれから何が起きるかを予測する上でおそらくほとんど役に立たない。

幸いなことに経済学者にとって、データ不足はそれほど大きな障害にはならない。代わりに我々は想像《イマジン》する。数式モデル上の仮想の世界経済（部外者は「おとぎの国」と一蹴するかもしれないが）を使い、そこに数字を入れ、国境の撤廃がどういった影響をもたらすかを見るのだ。労働市場の変化を予測する標準モデルを使った結果は衝撃的だった。移民制限の撤廃が世界にもたらす利益は巨額で、年間数十兆ドルに達するという。

この結果を受けて新しい世代の移民支持者は勢いづき、「国境の開放こそが世界に最大の経済機会をもたらす」と主張した。受け入れ国さえ自らが課した移民障壁を撤廃すれば、道端には数兆ドルの紙幣が手まねきして転がっている。[4] そんな生々しい比喩もよく使われる。[5]

こうして頭の中で数兆ドル紙幣を想像していると、移民に関する議論で度々浮上する多くの問題やテーマが浮き彫りになる。例えば、我々が移民を単なる労働者と見るか、生身の人間と見るかによって、結果は大きく左右される。また、この難しい空想ゲームをするためには前提条件を置く必要があるというのも明らかだ。そして言うまでもないが、その前提条件が極めて重要なのだ。最後に、そうした空想ゲームは多くの新たな発見をもたらすが、その一部は学界の通説とは異なるため、不都合な真実として表舞台からは隠される。

一　世界にもたらされる利益はどこから来るのか？

国家間で経済資源の格差は大きい。莫大な領土を持ち、豊かな天然資源を有し、人口の少ない国がある一方、領土も資源もなく、国民が過度に密度の高い環境で暮らしている国もある。労働者の生産性を高めるような産業インフラを持っている国があれば、インフラが数十年遅れている国もある。国民の間で生産性を高めるような価値観や行動規範、政治制度が共有されている国があれば、そうしたもののない国もある。こうした違いを考えれば、一人当たり所得が大きく異なるのもそれほど驚くべきことではない。米国などの先進国では年間四万ドルから五万ドル程度ある一方、パラグアイやフィリピンはおよそ八千ドル、ハイチやエチオピア、マラウイは二千ドル以下にすぎない。

もし別の国への移住が許されないのであれば、賃金の高い国の労働市場はより良い仕事を求める移民の流入によるプレッシャーをほとんど受けることはなく、賃金格差は長期間にわたって継続する。ジョン・レノンが与えてくれた課題に挑戦し、国境のない世界で何が起きるかを想像してみよう。あらゆる国境が急に撤廃され、人々が自由に行きたい土地に行けるようになれば、いったい何が起きるだろうか？

ルールを少し単純化すれば、ゲームはもっと簡単になる。例えば、二つの国しかない世界を考えてみよう。産業が発展して豊かな北の国と発展途上で貧しい南の国だ。また人々の移住コストは無料で、移住の金銭的な障害はないと仮定しよう。最後に、その世界ではすべての労働者が同じだと仮定する。労働者としてはクローン（コピー生物）なのだ。全員がある製品の作り手で、その製品をひたすら作り、消費するすばらしい世界に住んでいる。

そうした世界で移民制限が撤廃されれば、最終的に二国間で賃金が平準化される力が働く。経済的により豊かになることが移住の主な動機で、北の国の賃金が高ければ、人々は賃金の低い国から高い国へ移住したいと思うだろう。こうした動きを受けて、労働者の数が減ることで南の国の雇用者は必要な人手を確保するのが難しくなり、同国の賃金には上昇圧力がかかる。一方、北の国では雇用者は労働者を選び放題になることから、賃金に下落圧力がかかる。最終的に、両国の雇用者は同一賃金を払うようになり、労働者にとってはどこで働こうが同じになる。

労働者の国家間の自由な移動は、両国の賃金を平準化するだけにとどまらない。十八世紀のスコットランドの経済学者であるアダム・スミスの有名な言葉「神の見えざる手」までさかのぼる経済学の基本的な考え方によると、こうした労働者の自発的な移動が最も豊かな世界を実現するのだ。

なぜそうなるのか？　少し異なるシナリオを想像すれば分かる。仮にある独裁者が世界を支配しているとする。彼の人生の目標はシンプルで、世界を可能な限り豊かにすることだ。彼は世界中の労働者を彼が一番良いと思う地域に配置する権力を持つ。

独裁者は南の国から適当に労働者を選ぶ。彼はその労働者を南の国にとどめておくべきか、北の国に移住させるべきか？　彼は世界の富を増やしたいのであるから、その労働者が最も生産的になる国である北の国に移住させることになる。北の国の生産性が南の国を上回る限り、彼は労働者を北の国に移住させ続けるだろう。しかしこうした強制的な移住は、北の国の労働者の生産性を低下させ（なぜなら北の国はどんどん混雑するから）、南の国の労働者の生産性を向上させる（なぜなら南の国では労働者がますます不足するから）。両国の労働者の生産性が等しくなったとき、独裁者は労働者の配置転換を終了させる。つまり、どこで労働者が働こうが同じになるように、世界の人口を整理し直したわけだ。

独裁者が作業を終えた日には、人々が自発的に移動した場合と同じ結果、つまり北の国と南の国の労働条件が同じになる。別の言い方をすると、移民制限を撤廃すれば、独裁者の目標は達成できる。つまり、世界を可能な限り豊かにするのだ。これこそがジョン・レノンに対する経済学者の答えだ。国境のない世界は、とても豊かな世界だ。

この理想郷のような世界は、国境開放というイデオロギーを金科玉条と見なす多くのリバタリアンを魅了した。例えば、ウォール・ストリート・ジャーナルの編集委員会は次の五つの単語から成る憲法の修正条項を求めた。「There shall be open borders（国境を開放することとする）」[6]。

国境を開放することが世界にもたらす利益の計算はかなり機械的だ。労働市場の標準理論に従って、仮想の世界で北の国と南の国の労働市場が相互作用すると経済学者は想定する。それからこうした考えをモデル化したいくつかの数式を作り、最後にそこに数字を入れるのだ。

世界銀行のデータを使えば、イマジンゲームの中の二つの地域をつくることができる。十一億人の人口と六億人の労働力を持つ現実世界の高所得国が北の地域。そして、五十九億人の人口と二十七億人の労働力を持つ現実世界の発展途上国が南の地域だ。

仮想世界の二つの国でいかに賃金が労働市場のサプライショックに反応するかが、その数式モデルに入れるべき重要な数字だ。例えば、一億人の労働者が南の国から北の国に移住すれば、南の国の賃金は上がり、北の国の賃金は下がる。ただ、どれくらい変わるのか？　本書でも説明することになるが、南の国で十パーセント労働者の数が減った場合、賃金は三パーセント上昇し、北の国で労働者の数が十パーセント増えた場合、賃金は三パーセント下がるというのが一般的な想定だ。

両国の当初の賃金格差も、数式モデルに入れるべき重要な数字だ。この数字こそが、南の国の労働者が荷物をまとめて移住を決める際の最大の動機となる。仮に発展途上国で働いている労働者が先進国に瞬間移動すれば、その労働者の生産性は（おそらく劇的に）向上する。実際、低所得国で働いている低技能労働者が米国に移住すれば、彼らの賃金は簡単に四倍になる。[7]

仮想世界で国境を開放する前の二〇一三年には、世界のＧＤＰはおよそ七十兆ドルだった。表２・１が示すように、移民制限の撤廃はＧＤＰを大幅に増加させる。世界の富は四十兆ドル、およそ六割も増加するのだ。さらに、移民制限が撤廃された後もＧＤＰは毎年増加し続け、累積した増価額はおよそ一千兆ドルに達するだろう！

こうした天文学的な数字を見れば、国境開放を支持する人々が国家という概念がなくなれば貧困は

表2.1　国境開放の影響(2013年)

世界のGDPの増加	40.1兆ドル
移民労働者の数	26億人
家族を含めた移住者の数	56億人
北の地域の賃金の変化	−39.3%
南の地域の賃金の変化	143.0%
資産家の所得の変化	57.2%
移住コストを勘案した世界のGDPの増加	28.1兆ドル

Source: George J. Borjas, "Globalization and Immigration: A Review Essay," *Journal of Economic Literature* 53 (2015), 965.

根絶すると言って、急進的な社会変革に傾倒するのもうなずける。つまり、道端には数兆ドルの紙幣が手招きして転がっている。先進国の政策担当者が開眼し、すべての移民障壁を撤廃するだけでいいのだ。

　国境開放の支持者が主に強調するのはこうした数兆ドル紙幣の存在だが、このイマジンゲームはほかにも多くの示唆に富む。ところがほかの数字は、あまり表には出てこない。例えば、四十兆ドルの富の増加を予測する同じ数式は一方で、移民の数が膨大な数に上ることも示唆している。実際、二地域間の賃金を平準化させるには、発展途上国の労働力のおよそ九十五パーセントに当たる二十六億人の労働者が、北に移住する必要がある。仮にその労働者たちが家族を同伴すれば、五十六億人が南から北に移住することになる。

　実際には発展途上国に住むすべての人が移住する必要があるという事実は、それほど衝撃的でもない。移住するだけで南の国の労働者の賃金が四倍になるという事実が、国家間で生産性が大きく異なるということを如実に表しているからだ。世界には経済価値を生み出すことに極めて非効率な国があり、より良い機会を求める人々の出国は最終的にそうした国をもぬけの殻にする。

　数十億の人々が移住する必要があるというモデルの予測は、ＧＤＰが数十兆ドル増加するという予測ほどは強調されてこなかったと言ってもいいだろう。例えばハミルトンとワリーの最初の論文では、

GDPの増加に関しては詳細に論じている一方、その増加を実現するためにどれくらいの人数の移民が必要かについては不思議と全く触れていない。

政策論議の中でこの種のモデルを主張したいのであれば、数字をごまかすのは政治的には賢明なやり方だ。連邦議会の公聴会で、どれくらいの数の移民が先進国に移住するのかと聞かれ、国境開放の支持者が「そうですね、だいたい五十億人以上です」と答えたときの議員の反応を想像すれば分かる。潜在移民の一部が移住するだけでも、大きな富が得られると主張する支持者もいるかもしれない。例えば、潜在移民の一割が移住するだけでも、世界のGDPは七兆ドル増加する。ただ、この「控えめな」シナリオでも五億六千万人が移住することになる。国連によると、全世界には現在二億三千二百万人の移民がおり、米国が四千万人以上を受け入れている最大の受け入れ国だ。[*1] 世界のGDPを七兆ドル増やすには、既存の三倍の移民が必要になるということだ。

国境の開放による移民の急増は必然的に富の大きな再分配をもたらすが、その内容は見落とされがちだ。国境の開放で起きると予想される賃金の平準化は、異なる賃金が等しくなるということだ。もともと賃金の高い労働者の賃金は下がり、賃金の低い労働者の賃金は上がる。実際、北の国の労働者の収入はおよそ四割下がり、南の国の労働者の収入は二倍以上になる。さらに別の富の再分配の結果についても触れておかなければならない。それは厄介な数字として目立たないように隠されてきた。なんと、世界中の資本家の収入はおよそ六割も上昇するのだ。

つまり、国境の開放で一つとなった世界では、あるグループ（南の国の労働者と資本家）には大きな利益がもたらされるが、その政策変更に対して激しく抵抗する労働者のグループは非常に大きな損失を被る。彼らが国境開放の支持者と対立するのは、人種差別主義や排他主義とはほとんど関係がないかもしれない。北の国の労働者は単純に新たな世界秩序では得することがないのだ。

仮想の世界におけるイマジンゲームではこれまで、人々は南の国から北の国に無料で瞬間移動できると想定してきた。宇宙船エンタープライズ号〔米国のSFドラマ『スタートレック』に登場する宇宙船〕から人々がテレポートするようなものだ。ところが我々は、カーク艦長〔エンタープライズ号の艦長〕の監視下であっても、移住は無料ではないことを知っている。

これから見ていくように、移住コストはかなり高額だという証拠であふれている。実際、ある産業から別の産業へ、ある国から別の国へ移動するのにかかる費用は、労働者の給料の八倍から十倍にもなる。もし労働者の移住コストが給料の十倍で、扶養家族はコスト無しで同伴できるとすると、国境の開放がもたらす世界の富の増加額は四十兆ドルから二十八兆ドルに減ることを表2・1の一番下の列の数字は示している。単純に数十億人の移住費用で相殺されるのだ。ただそれでも、世界のGDPの増加額は数十兆ドル規模になる。

二　生産性の波及効果

あまりに耳当たりのいい話はほとんどが偽りだ。三十〜四十兆ドルが道端に落ちているという話も、まさにこの種の話だ。モノポリーのお金のように偽札にすぎない。

世界の富が数十兆ドルも増えるという見通しは、かなり視野の狭いイマジンゲームに由来することが主な問題だ。数十億人に及ぶ移民の流入で、先進国の経済がいかに変化するかを考慮に入れていない。そうした大きなサプライショックが、先進国にどういった変化をもたらすのかについては何も知らない。自分たちが知らないからといって、特に大きな変化はないと思い込むのは間違っている。移住するのは数十億人のロボットのような労働者ではなく、数十億人の生身の人間だ。

先進国の生産活動がこれまで通り変わらないとは考えにくい。人口が五倍以上になれば、こうした国の社会や政治、文化の均衡はいったん崩れて再構築される。移民流入のペースを遅らせれば、そうした混乱を最小限にできると主張する人もいるかもしれないが、移民の数が多すぎるため、現実的な時間枠の中で期待される富の増加を達成するのは不可能だ。例えば、先進国全体が米国の三倍のペースで移民を受け入れても、すべての移民が移住するのに五百年かかる。[*2]

高技能労働者の米国への移住がもたらす利益を主張する人は、「生産性の波及効果」に期待している。つまり、高技能移民と交流することで、受け入れ国の国民はこれまで知らなかった知識に触れる機会を持ち、彼らの生産性に持続的なプラスの効果をもたらすというのだ。言い換えれば、極めて優秀な移民と時間を共に過ごすことで、受け入れ国の労働者のニューロンは刺激されるというのだ。数十億人の移民がもたらすサプライショックについて考えるときも、生産性の波及が持ち出されるのは容易に想像できる。だが残念なことに、大規模な移民の流入がもたらす波及効果は、高技能移民がもたらす波及効果とは異なる。

名著『国家はなぜ衰退するのか』において、ダロン・アセモグルとジェイムズ・ロビンソンは経済的資源の世界的な不平等がなぜこれほど大きくて永続的なのかという核心的な問題を扱っている。(8) 国家の盛衰を分ける要因の一つは、政治と経済の制度だと彼らは主張する。同様に、ポール・コリアーは『エクソダス』において、「貧しい国が貧しい理由の一つは、有能な組織が不足しているから」であり、「移民は本質的には機能不全の社会モデルを抱える国から脱出している」のだと主張する。(9)

移住の自由化が数兆ドルの富を生み出すには、まず第一に数十億人の人々が貧しい経済状況を生み出した自国の流儀を持ち込むことなく先進国に移住する必要がある。具体的には、彼らの国の制度や機能不全の社会モデル、政治信条、文化、規範などだ。ただ数十億の人々が移住してきた場合、北の

表2.2　生産性の波及効果を勘案した利益（2013年）

	波及効果なし	北の地域の生産性半減	北の地域の生産性75%減
世界のGDPの変化（兆ドル）	+28.1	−0.9	−12.4
北の地域の富の変化（兆ドル）	+11.9	−4.5	−13.0

Source: George J. Borjas, "Immigration and Globalization: A Review Essay," *Journal of Economic Literature* 53 (2015), 969. シミュレーションは移住コストも考慮に入れている。

地域の制度的、社会的、政治的な構造が全く変わらないというのは考えにくいように思える。コリアーはそのジレンマについて、歯に衣着せぬ言葉で次のように語っている。「不快かもしれないが……移民は彼らの文化を持ち込むのだ」[10]。

そうした波及効果の潜在的な影響を考える一つの方法は、移民が国内に持ち込んだ荷物の中を開けてみると、北の地域の生産性の優位を脅かすものが入っていたと想像してみるといい。それは仕事に対する態度かもしれないし、異なる政治イデオロギーかもしれないし、ある種の交流を禁止、もしくは奨励する社会規範かもしれない。

生産性の波及効果がどれほど強力なのか、我々には知るよしもないが、ジョン・レノンのゲームを続け、北の地域の生産性の優位が半減したら何が起こるかを想像してみよう。表2・2はまさに、北の地域がその優位性の一部を失った場合に世界の利益がどう変化するのかを示している。

もし波及効果により北の地域の生産性が半減した場合、（移住コストを考慮した）世界の富の増加は二十八兆ドルのプラスから一兆ドルのマイナスに転じる。そして生産性が七十五パーセント低下した場合には、世界のGDPは十二兆ドル減少する。波及効果を受けて世界全体の労働者が、以前は南の地域だけにあった非効率な組織や制度のもとで働くようになるからだ。

ここは強調しておきたいのだが、これは単なるイマジンゲームである。数兆ドルの紙幣が道端にばらまかれるという見通しと同じように、こうした数字をそれほど真に受ける必要はない。ただしこのゲームは、あまりに見過ごされがちな点を拾い上げている。国境の開放がもたらす富の増減は、先進国の社会構造が数十億人の移民の流入でどう変わるかに左右されるということだ。

またこのゲームを見れば、なぜ受け入れ国が頑なに専門家のアドバイスを無視しているのかも分かる。各国はおそらく、自国の国益にとって最善の移民政策を採用しているのだ。そうした決断の末に、高技能労働者の受け入れを奨励する政策があれば、すでに住んでいる移民の親族の移住を歓迎する政策や移民に対して入国後に選挙権や国内で住居を変える権利などを制限する政策もある。

なぜ受け入れ国は、そんな愚かな政策をしているのか？　なぜ政策担当者は、自国をより豊かにすると考えられている政策を実行しようとしないのか？

その答えは当たり前だが深い意味を持つ。受け入れ国は、専門家には分からないことを知っているのだ。移民制限を撤廃してもほとんど利益はないが、大きな損失が出る可能性があるということを。例えば、移民に給料を支払った後で、どれくらいの所得が北の地域（の労働者と資本家）に残るかを計算できる。表2・2が示すように、北の地域が得る利益は生産性の波及効果がない場合には十二兆ドルになる。しかし、もし移民の流入が北の地域の生産性を半減させれば、十二兆ドルの利益から五兆ドルの損失に転じてしまう。つまり移民の受け入れで生産性が下がった場合、国境の開放によって利益が期待されるどころか、容易に経済的失敗につながるのだ。

ある特定の地域における国境の開放を想像すれば、この点が理解しやすくなる。現代の中東地域だ。この紛争地域においては、イスラエルの経済力が突出している。世界銀行によると、イスラエルの一人当たりGDPは二〇一三年に三万二千ドルだった。それに対してエジプトは一万千ドル、ヨルダンは一万二千ドル、イラクとイランは一万五千ドル、レバノンは一万七千ドルにすぎない。

この地域の国々の間であらゆる移民制限が撤廃されたら、中東全体のGDPはどうなるだろうか？明らかに賃金の高いイスラエルに移住する経済的なインセンティブが働く。実際、生産性の波及効果を無視した経済モデルによると、中東全体では大きな富の増加（おそらく数百億ドルの規模）が予想される。人々が賃金の低い国から賃金の高いイスラエルへ移住するからだ。

ところが、実際には生産性の波及効果がある。移住するのはロボットのような労働者ではなく生身の人間であり、そこには大きな違いがあるからだ。彼らは働き、消費し、祈禱し、子供を生み、投票し、争うのだ。中東での国境開放を想像すれば、数百億ドルの紙幣が道端に転がっているなど悪い冗談に思えるだろう。簡単に分かることだ。

私は大人になってからずっと経済学者の世界で過ごしてきたが、自分たちの経済モデルに固執する一部の学者の熱意には今でも驚かされる。国境の開放を支持する経済学者にこの中東の例を出して、国境を開放すれば何が起こると思うか、本心を聞きたいと尋ねたことがある。彼らの答えは完全に現実を無視しており、仮想の世界経済のモデルが示す答え（中東のGDPは増加する）のおうむ返しであることがほとんどだ。

経済モデルは有用だが限界もある。受け入れ国は自分たちの政策を理解しているからこそ、国境開放の支持者の甘言を無視し、国境に壁を建設するのだ。

三　移民と社会資本

前述したように、本書は移民の直接的な経済効果に焦点を当てたものだ。移民はほかにも様々な面で受け入れ国に影響を与える（社会習慣、日常の相互交流を左右する規範、文化的環境、政治状況などを変える）が、そうした事実が表立って議論されることは少ない。だがこうした変化にも、経済的な効果はある。これまで見てきたように、ジョン・レノンがうたった理想郷でもたらされる生産性の波及効果を考慮に入れると、社会変化に伴うマイナスの影響が移民の直接的な経済利益を大幅に上回る可能性があるのだ。

移民は自国の文化を持ち込み、それが様々な影響をもたらすことにほとんど疑いの余地はない。ニューヨーク市に各国から集まる外交官の駐車方法を調べたある有名な研究論文がある。その論文を読めば、極めてシンプルな状況設定の中でも、いかに文化的な慣習が波及して社会や経済に影響を与えるのかが分かる。(11)

二〇〇二年まで、駐車違反をした外交官は切符を切られるだけで、罰金を払わなくても特に罰せられることはなかった。ニューヨーク市にいるすべての外交官は、制度を乱用しようと思えばいつでもどこでも無料で駐車できた(外交官のナンバープレートが同市で「最良のフリー駐車パス」になった)わけだ。ところが、実際にそうやってルールを無視したのは一部の国の外交官だけだった。ここで興味深い疑問が出てくる。どの国から国連に派遣された外交官が交通ルールを無視し、駐車禁止エリアに駐車するなどの違反を犯したのか?

一九九七年から二〇〇二年にかけて、少なくとも十人以上の外交官を派遣している国で一人当たりの駐車違反が最も多かった五カ国は、エジプト、セネガル、パキスタン、コートジボワール、モロッコだ。それらの国ではその期間に、外交官一人当たり六十〜百四十回の違反があった。オーストラリア、コロンビア、日本、ノルウェー、トルコなどの国の外交官は一度も違反をしなかった。

各国の外交官の駐車違反の回数の違いを見ると、興味深い傾向が浮かび上がる。社会の腐敗度合いが高いことで知られる国から来た外交官は駐車違反をし、切符を切られ、罰金を無視する傾向にあるのだ。そうした国からの外交官は母国の社会では一般的とされているやり方を持ち込み、ニューヨーク市でもそのやり方を引きずっていると解釈するのが自然だ。結果的に、ニューヨーク市の秩序を保つ社会の仕組みのごく一部に影響を与えているのだ。

もちろん、受け入れ国の国民は他国から持ち込まれた文化に対して反応を起こす。ハーバード大学の著名な政治学者、ロバート・パットナムはそうした国民の反応に関する悲観的な研究結果を発表し、議論を巻き起こした。

『孤独なボウリング――米国コミュニティの崩壊と再生』という有名な本の中で、米国人はますます孤立しており、人々の孤立がコミュニティを結束させる社会のネットワークと絆を毀損していると彼は主張した。そうした変化は「社会資本」の減退と考えられるという。[12] 同書で描かれる信頼と協力の欠如は米国人の生活を貧しくし、個人や社会が目的を達成する能力を損ねているというのだ。

パットナムはその後の論文で、米国でますます多様化する民族と人種が、いかに社会資本に影響を与えているかを調べている。頻繁に引用される論文で、パットナムはロサンゼルス、ボストン、サウスダコタ、ウェストバージニアなど多くのコミュニティを調査した結果を報告した。その内容は衝撃的だった。彼の言葉をそのまま引用すると、

移民と民族の多様性は社会の結束と社会資本を弱める傾向にある。米国で実施した新たな調査によると、民族の多様な地域ではあらゆる人種の住人が家に「閉じこもる」傾向にあるという結果が出た。(同じ人種の人に対してすら)信頼感は乏しく、利他主義やコミュニティでの協力はほとんどなく、友人も少ない。[13]

さらにパットナムは、民族の多様性に伴うマイナスと思われる影響をいくつも列挙した。政府に対する信頼の低下、投票登録率の低下、慈善寄付やボランティア活動を行わなくなる、コミュニティ活動への不参加。移民がコミュニティを作り、新たなアイデンティティを確立する中で、長い時間をかけてこうした負の影響の一部はなくなっていくかもしれないとパットナムは予測する。ただ、実際のデータは雄弁に語る。民族の多様性が増すと、『孤独なボウリング』で中心的なテーマとなっている社会のネットワークの毀損はさらに深刻になるのだ。パットナムは、彼の研究が移民は我々全員にとっていいことだという通説にどういった影響を与えるか十分に分かっている。「政治的には正しい革新主義が、多様性が社会の結束に課題を突きつけるという現実を否定するのであれば、それは残念なことだ(14)」。

民族の多様性が負の影響だけ持つという主張も間違っている。多様性が増すとほぼ確実に我々の視野は広がり、世の中を違う角度から理解することができる。そうして得た新たな視座は、社会と経済の相互作用において非常にプラスになる。様々な民族がいることで、米国人の消費者が手にできる製品の幅は広がり、新たな経済的利益が生み出される。しかし、こうした潜在的な社会的影響を合算し、本書のテーマである直接的な経済効果と比較した上で、最終的に移民の影響がプラスなのかマイナスなのかは誰にも分からない。その理由の一つは、既存の研究が潜在的な社会的影響のほんの一部しか研究対象としてこなかったからだ。もっと重要なことは、そうした社会的、文化的影響を同一の通貨価値に換算する手法がないのだ。

ただ一つだけ確実に言えることがある。最終的な影響をきちんと予測したり理解もできないまま、大規模な移民や世界秩序を再編するような政策変更（国境の開放など）を支持することは、時期尚早で無責任に思える。破滅的な結果をもたらす空想的社会変革をしようとする、見当違いの試みとなるかもしれないのだ。国境の開放が巨額の経済的利益をもたらすという見込みを脱構築することで、心にとどめておくべき大切な次の教訓を得ることができる。架空の道端に数兆ドルの偽札を落としながら、ジョン・レノンの『イマジン』の美しいハーモニーを口笛で吹いている専門家には気をつけなければならない。

＊1　次に外国生まれの人口が多い五カ国はロシア、ドイツ、サウジアラビア、アラブ首長国連邦、英国で、それぞれ八百万から千百万人の外国生まれの人が住んでいる。

＊2　米国は人口が三億二千万人で、毎年百万人の移民を合法的に受け入れている。率に直すとおよそ〇・三パーセントだ。十一億人の人口を抱える先進国全体が人口の一パーセントの移民を受け入れるならば、毎年千百万人の移民を受け入れる計算になる。それでも五十六億人の移民全員を受け入れるには五百九年もの時間がかかる。

第三章　米国における移民の歴史

国境開放のシナリオという世界全体を俯瞰した鳥の目から視野を低くし、本章では米国に焦点を当てる。経済学者のリチャード・イースターリンは、米国に渡った移民の重要性をシンプルな言葉で表現した。「アメリカに渡った移民の重要性は、人類の歴史でほかに類を見ない」[1]。一六〇七年のジェイムズタウンへの入植以来、九千二百万人以上の外国人が米国という国を成す土地に移住してきた。[*1]米国への合法的な移住を規定する法律は、内国歳入法と変わらないほど複雑（で長文）だと思われている。その法律の複雑さを飯の種にしている移民専門の弁護士がいるほどだ。彼らはビザの申請者が、多くの制度的な障害を「安全に切り抜ける」支援をしている。連邦裁判所の判事は頻繁に、移民法の複雑さを認める発言をしている。

我々は移民国籍法の不毛の地の住人だ。そこでは平易な言葉は、必ずしもそのままの意味ではない。[2]

この訴訟は、現代の移民法の分かりにくさをはっきりと表している。過度に専門的な法令と規則の迷路のようであり、政府と申請者、双方に無駄と遅延と混乱をもたらす。[3]

その複雑さゆえに、誰にビザを与え、誰に与えないかを決める網の目のような法令や規則を正確に要約するには、かなりのページ数を要するだろう。それでもこれまでの移民政策の変遷を俯瞰して見るのは無駄ではない。今日までの米国における移民抽選の勝者と敗者を隔ててきた境界線を明らかにするからだ。

一　合法移民

米国がこれまで受け入れてきた移民の途方もない数を考えると、米国人が常に移民を憂慮してきたのは驚くべきことではない。早くも一六四五年には、マサチューセッツ湾植民地が貧困者の受け入れを禁止し始めた。一六九一年には、ニューヨーク植民地が新たな入植者に対して、「自分が財政的な負担にならないことを証明する十分な保証」を要求した。[4] 一七九〇年までには、米国はすでに五十万人以上の移民を受け入れており、その少なくとも三分の二が英国出身で、二割がドイツ出身だった。

移民が大挙して来たケースが何度かあったが、建国からおよそ百年の間、連邦政府は移民制限を課さなかった。例えば、長期間に及んだナポレオン戦争による経済と社会の混乱を受けて、多くのドイツ人が移住して来た。一八二〇年代にはドイツ人の移民は六千人だけだったが、一八四〇年代と五〇年代には、およそ百四十万人のドイツ人が移住してきた。

一八四五年のジャガイモの不作とその後の大飢饉を受けて、アイルランドからも同じくらいの人数の移民が米国に大挙して移住してきた。ジャガイモの疫病発生前の一八三〇年代には、米国に移住してきたアイルランド人の数はたった十七万千人だったが、一八四〇年代と五〇年代には百七十万人に急増した。たった二十年間で、当時のアイルランドの人口の五分の一が米国に移住したのだ。

一八七五年に最高裁判所が、貧しい移民に対する援助を賄う資金として州政府が移民に人頭税を課すのは違法だと判決したことを受けて、連邦政府の移民規制に対する関心は再燃した。移民政策はそれ以降、連邦政府のみの権限となった。連邦議会は対応として、一部の潜在的な移民の入国を禁止する理由をまとめたこれまでで最も長いリストを作った。一八七五年には、議会は売春婦と受刑者の入国を禁止した。一八八二年には中国人労働者の移住を一時禁止し、そこに白痴、精神障害者、公共の負担になりそうな人たちをリストに加えた。一九一七年には、結核患者、一夫多妻者、政治的急進論者、アジア生まれの人がリストに加わった。

図3.1　米国に移住した合法移民の人数の推移（10年単位）

2010年代の数字は2010〜13年にかけて入国した人数の平均から推定。

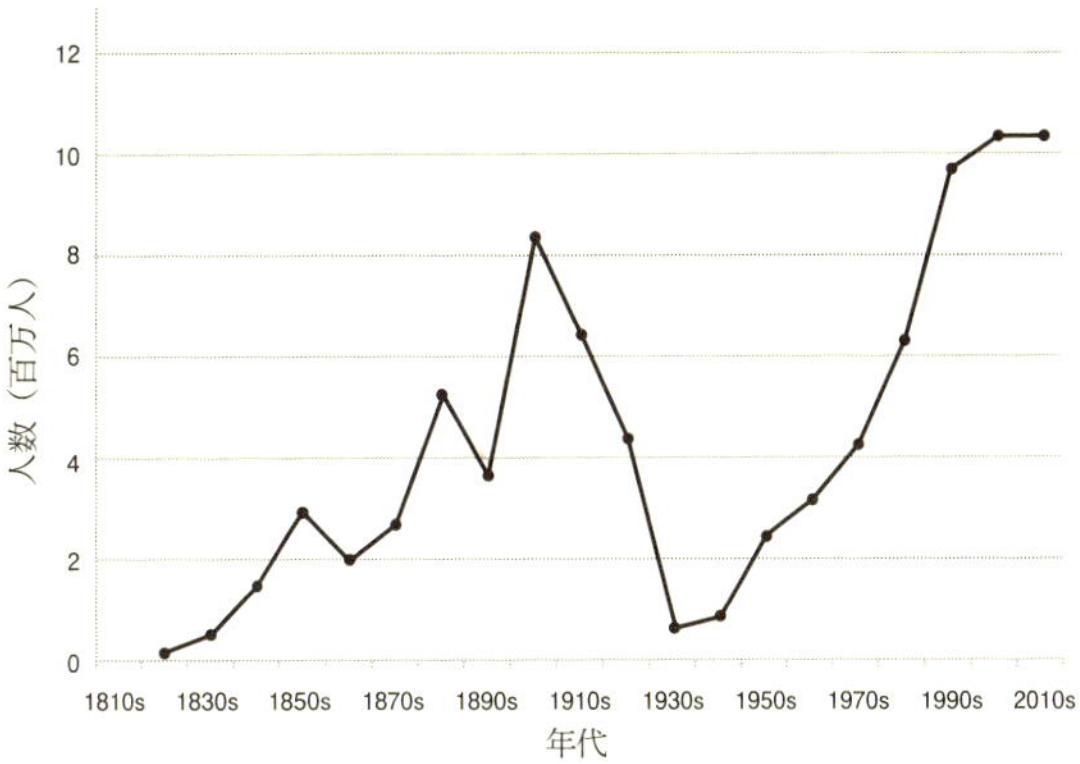

Source: US Department of Homeland Security, *Yearbook of Immgration Statistics:* 2013, table 2.

　こうした移住に関する法律の制定が相次ぐ一方、エリス島時代の移民の数はますます増えていた。大西洋を渡る巨大な蒸気船の技術革新により渡航コストが大幅に削減されたことに加え、激しい反ユダヤ主義が渦巻くロシアなど、多くの国における政治の変動、米国経済の急速な産業化による経済機会がその背景にあった。二十世紀初頭に海を渡った低技能の外国人労働者が、米国の製造業の発展を支えたと言っても過言ではない。一九一四年には、フォード・モーターの従業員の四分の三が移民だった。これは製造業の拡大において移民が果たした役割を最も端的に表す象徴的な数字と言える。図3・1は二十世紀初頭の移民の急増を示している。ピークの一九〇〇年から一九〇九年にかけて、移民の数は年間およそ八十万人に上った。

移民の出身国も変わった。伝統的には英国やドイツなどの西欧諸国が中心だったが、新しい移民の多くはイタリア、ポーランド、ロシアの出身だ。新しい世代の移民は以前の世代ほど知的でなく、生産性も低いという見方があった。マサチューセッツ工科大学の学長だったフランシス・ウォーカーは一八九六年、アトランティック・マンスリー誌ではっきりと次のように述べている。新しい移民は「敗者の人種の中の敗者だ。生存競争の中の最底辺だ……古代のドイツでオークの木陰に集まり、法律をつくり、リーダーを選んだ種族の子孫が持つ発想や才能のかけらもない」(5)。

表3・1には、大規模な移住の時代の終盤に当たる一九二〇年に米国に住んでいた移民グループの上位十カ国を掲載している。面白いのは、ドイツ人、イタリア人、ロシア人、ポーランド人、カナダ人、英国人から成る上位六カ国はそれぞれ、移民の人口のおよそ一割を占めているということだ。別の言い方をすれば、どこか一つのグループが圧倒しているわけではない。この点については、今日の大規模な移民を論じる際に再び触れることになる。

最終的な制定には数年かかったが、一九二〇年代初頭までには、議会と大統領は大規模な移民を阻止する包括的な移民改革で合意していた。現在では「国別移民割当制度」として知られるその改革では、一年間に支給するビザの上限を(十五万人に)設定し、ビザは出身国に従って割り当てられると明記した。一九二四年の移民法は次のように明記している。

あらゆる国籍に割り当てられるビザの数は、一九二〇年に米国本土に住むその国籍を持つ住人の数が米国本土の人口に占める割合に十五万を掛けた数とする。

例えば、一九二〇年時点で人口の四十四パーセントは英国に先祖を持つと推測されていることから、十五万人に与えられるビザのうちおよそ四十四パーセント（つまり六万五千七百）は英国に与えられるということだ。そして十七パーセントはドイツに与えられ、十二パーセントはアイルランドに付与される。つまり、その三カ国が発行されるビザのおよそ七十五パーセントを占める。明らかに人口における民族構成を維持するのが目的であり、その当時は英国とドイツ出身に偏っていた。

表3.1　1920年における移民グループ“上位”10カ国

国	移民の数（百万人）	移民人口に占める割合
1. ドイツ	1.7	12.1
2. イタリア	1.6	11.6
3. ソ連	1.4	10.1
4. ポーランド	1.1	8.2
5. カナダ	1.1	8.2
6. 英国	1.1	8.2
7. アイルランド	1.0	7.4
8. スウェーデン	0.6	4.5
9. オーストリア	0.6	4.1
10. メキシコ	0.5	3.5
すべての国	13.9	—

Source: Campbell J. Gibson and Emily Lennon, “Historical Census Statistics on the Foreign-Born Population of the United States: 1850–1990,” US Census Bureau, Population Division Working Paper no. 29, February 1999, table 4.

この制度は一九六五年の移民法改正まで続いた。移民法改正は公民権運動の一環で、その年に出身国に基づいた差別を廃止し、米国に親族を持つビザの申請者が優先される制度に変わったのだ。表3・2は現在の移民法における主な分類をまとめ、二〇〇一年から二〇一〇年までに各分類で承認された合法的な移民の数を示している。

現在では、家族優遇制度を使った移民が合法的な移民のおよそ三分の二を占めており、成人した米国市民の両親、配偶者、未成年の子どもなど「近親者」の無制限の移住を認めている。そのほかの親族にも優先権は与えられるが、彼らに与えられるビザには人数制限がある。人数制限からか、かなり長い順番待ちが出ることもよくあり、親族はビザが支給されるまで数年間も母

表3.2　合法移民の構成人数（2001～2010年）

	移民の数（百万人）
家族優遇による移住	6.8
就労ビザによる移住	1.6
難民	1.3
移民多様化ビザ（抽選）	0.5
その他	0.3
合計	10.5

Source: US Department of Homeland Security, *Yearbook of Immigration Statistics: 2010*, table 6.

国で待つことになる。例えば、米国市民の兄弟は入国ビザをもらう権利があるが、二〇一五年十二月時点でフィリピン人移民の兄弟は二十三年間、メキシコ人移民の兄弟は十八年間、順番待ちをする必要がある。

一九六五年の法改正では、「極めて優秀な能力を持つ人」、「優先順位の高い労働者」、ほかの望ましいスキルを持つ人々にもビザが割り当てられた。ただ、こうした就労ビザは現在の移民のおよそ十五パーセントを占めるにすぎない。しかもこの中には移民の近親者の中で就労ビザの資格のある者も含まれており、この数字ですら下駄をはかせたものだ。[*2]

現在の移民政策において、家族優遇制度が米国に民族的な「ルーツ」を持たない国からの移民を間接的に妨げることは認識されている。結局、米国に住む親族がいない外国人が家族優遇ビザを申請するのは難しい。そうしたことを受けて、米国には「移民多様化ビザ」抽選プログラムがある。歴史的に移民の少なかった国の申請者の中から、幸運な人々にビザが無作為に与えられる制度だ。

これはいかに米国への移住に対する需要が高いかを示す面白い制度と言える。抽選では毎年、五万人にビザが支給されるが、その枠に数百万人からの応募がある。例えば二〇一五年には、千四百九十万人の応募があった。

移民政策の変更がもたらす影響について専門家が予測するとき、その内容については懐疑的になるべきだ。専門家がいかに予測を間違うのか、一九六五年の法改正はその典型的な例となった。例えばロバート・ケネディ司法長官は、一九六四年の下院小委員会でアジア人移民の今後の推移を尋ねられたとき、「最初の年は五千人の移民が見込まれるが、それ以降は大規模な移民の流入を予想していない」と自信ありげに述べた(6)。またその一年後、ニコラス・カッツェンバック司法長官は同委員会で次のように述べている。「現在の西半球の国々［南北アメリカ］からの移民の数を見れば、こうした国々から米国へ移住しようとする勢いはそれほど強くはない。相対的に言えば、移住を希望する人々はそれほど多くはない」(7)。

結局、これらの予測は大きく外れた。彼らは、一九六五年以降の移民を特徴づける大きな二つの人口動態の変化を完全に見落としていた。出身国としてのアジアの存在感の増大とラテンアメリカからの移民の急増だ。ケネディとカッツェンバックの予想に反して、一九六五年の法改正が移民の数と質を大きく変え、彼らが経済と社会に与える影響も付随して変わったと今では広く認識されている。

新たな世代の移住を促す原動力となった経済と政治の変化が加速する中、移民の数はエリス島の時代のピークを一九九〇年代には上回ることになる。その原動力には、米国の多くの産業における賃金の低い単純労働者に対する需要の高まり、米国と多くの発展途上国の間の大きな所得格差、勃興するハイテク産業に高技能労働者が惹きつけられたこと、これまで入国できなかった人々にもビザが支給されたことなどが含まれる。二〇一〇年代には、およそ百万人が毎年合法的に米国に移住している。

二　不法移民

一九六五年以降、米国への合法的な移民を取り締まる法律にそれほど大きな変化はない一方、新たな情勢の変化がますます重大な影響を持つようになり、社会に摩擦を生んだ。不法移民の存在だ。一九六〇年代にブラセロプログラムが廃止された直後から、書類不所持移民の流入が始まった。同プログラムはメキシコ人が一時的に米国に滞在し、農業に従事することを許可するものだ。全米農業労働者組合が編さんした正史には、同プラグラムの誕生と廃止をもたらした経済的、政治的圧力が書かれている。

米国政府とメキシコ政府の非公式な取り決めに基づいたブラセロプログラムは、一九五一年に公法七八として法制化された。農場経営者にメキシコ人労働者を供給するプログラムとして第二次世界大戦中に始まり、戦後も存続した。同法では、ブラセロ（メキシコ出身の短期労働者）は決して国内の労働者を代替してはいけないと明記している。実際には、この条項はほとんど空文化していた。農場経営者は国内の労働者の代わりに彼らを雇うために、戦後も同プログラムの存続を望んだのだ。……しかし、セザー・チャベス率いる農場労働者は教会やコミュニティグループなどほかの組合と同盟を組み、拡大する公民権運動の流れに乗って政治家に強い圧力をかけ、一九六四年までに同プログラムは廃止となった。(8)

同プログラムの突然の廃止は、すでに米国で働いている農場労働者の雇用機会を保護しようとする動きを代表するものだ。ところが、同プログラムを廃止しても「根っこ」は変わらなかった。米国の農場経営者は安い労働者を雇いたい一方、メキシコの労働者はより待遇のいい仕事が欲しかったのだ。こうして互いに補完し合う欲求が、書類不所持移民の流入の引き金となった。一九七〇年代、八〇年代まで書類不所持移民の流入が続き、一九八六年の移民改革統制法の施行につながった。同法はおよそ三百万人の書類不所持移民に恩赦を与えたが、そのほとんどはメキシコ出身だった。また、雇用者が書類不所持移民であることを「知った上で彼らを雇う」ことを違法とした。

同法の審議の中では、雇用者への制裁は書類不所持移民の抑止につながると言われた。ところが実際は、同法の施行後には以前より数百万人多くの書類不所持移民が入国してきた。大規模な恩赦を与えたにもかかわらず流入が止まらなかったことは、「包括的な移民改革」の議論が紛糾する理由の一つだ。ただここで、同法が書類不所持移民の入国を「抑止できなかった」のは仕様であってバグではないことを指摘しておく必要がある。法律を議会で承認させるための政治的妥協により、大きな抜け穴ができたのだ。

移民改革統制法では雇用者に制裁を課すが、雇用者に文書が本物かどうかを確認することを求めてはいない。そうした法の抜け穴により、偽造文書が急増した。就労許可のない労働者は、偽造のグリーンカードやパスポート、運転免許証などを提示した。そして雇用者は、そうした偽造文書で労働者を雇った。雇用者は書類不所持移民を雇い続けることができたのだ。[9]

同様に重要なのは、農業にとどまらず、米国の多くの産業で賃金の低い単純労働者に対する飽くことなき需要があるということだ。こうした需要が、海外の貧しい人々を強く惹きつけるのだ。雇用者と潜在的移民の両者に利益があり、両者に対する罰則が軽い限り、インセンティブは残り、不法移民の流入は続く。

（最も大きな議論の対象になっている）不法移民に占めるメキシコ人の割合は先例のない水準だが、こうした根っこが背景にあるのだ。利益を追求する経営者に対してメキシコ人移民が提供できる種類の労働に対する需要は大きい一方、米国の労働市場における経済機会はメキシコを大きく上回っている。経済学者のゴードン・ハンソンは次のように述べた。

米国の移民許可制度を考えると、移住したいほとんどの国の低技能労働者にとって、不法移住が最も成功するやり方だ。……教育年数が少ないことから、大多数のメキシコ市民は雇用ベースのグリーンカードやほとんどの短期就労ビザの資格を満たしていない。……家族を優遇する移住ビザはあまりにも待機年数が長く、許可基準があまりに恣意的で、米国で働きたいほとんどの移住希望者にとっては役に立たない。……その結果、ほとんどのメキシコ人は不法に入国する道を選ぶ。[10]

今日の不法移民の議論の中心には、ある単純な疑問がある。いったい何人の書類不所持移民が米国に住んでいるのか？

国土安全保障省は書類不所持移民の数を推定している。二〇一二年一月時点で千百四十万人の書類不所持移民がおり、その数字は二〇〇六年から横ばいだ（と同省は主張する）[11]。そのおよそ六割がメキシコ出身で、その次に多いエルサルバドル出身者とグアテマラ出身者は合わせて十一パーセントを占める。千百四十万人という数字は政治的に大きな議論を呼ぶものである。そのため計算方法をしっかり確認し、どのようにして把握が難しい人口に関する数字を得たのかを理解した方がいい。

計算方法は簡単に説明できる。ある時点において合法な移民がどれくらい米国に住んでいるかの数字を我々はすでに「持っている」。政府は過去数十年の間、合法的に入国した移民の数を毎年正確に記録している（図3・1のように）。そのため、何人の合法移民が今でも生存し、米国に住んでいるのかを予測できる。

一方、国勢調査局は定期的に人口調査を実施しており、調査では回答者にどこで生まれたのかを聞いている。その調査を使えば、米国に外国生まれの人がどれくらい住んでいるのかを推定できる。大雑把に言えば、米国に住んでいる外国生まれの人の数と米国に住んでいる合法移民の数の差が、国土安全保障省が推定する不法移民の数だ。[*3]

その計算方法の大きな瑕疵を一つ指摘するのは難しくない。国勢調査局の調査では明らかに多くの人が調査から漏れており、漏れた人の多くはおそらく書類不所持移民だ。彼らはまず第一に、見つかりたくないのだ。そのため不法移民の数を見積もるために、国土安全保障省はどれくらい実際の数より少なくなるのかを想定しなければならない。一割の書類不所持移民が調査から漏れているというのが公式な想定だ。

この問題を議論する際に、同省が見逃し率〔実際の数字を下回った割合〕をどれくらいと想定していると思うかと質問すると、面白い答えが返ってくる。「少なくとも三割」というのが多くの答えだ。一流の陰謀論者でなくても、一割の見逃し率が低いというのは分かる。見逃し率が高ければ当然、政府が推定する不法移民の数は大きくなる。例えば、見逃し率が二割であれば、書類不所持移民の数は千百四十万人からおよそ千三百万人に増える。三割であれば、千五百万人近くになる。つまり、見逃し率をどれくらいと想定するかは大変重要なのだ。

では、一割という想定はどこから来ているのか？　同省のレポートの脚注をしらみつぶしに調べることで、その理論的根拠がついに分かった。

無許可移民の見逃し率が一割という想定は、エンリコ・マルチェッツリが書いた論文「ロサンゼルス郡に住む海外生まれのメキシコ人に関する調査（二〇〇〇年）――人口動態分析への含意」で報告された結果に合わせたものだ。同論文は、二〇〇〇年にジョージア州アトランタで開催された米国人口協会の年次総会で口頭発表された。(12)

つまり簡単に言えば、一割という想定は二〇〇〇年にロサンゼルス郡に住むメキシコ人の見逃し率を調べた、学術誌に掲載されていない論文のデータが元となっているのだ。仮にロサンゼルス郡のメキシコ人の実態を正しく反映した数字であっても、より規模の大きい今日の書類不所持移民全体の見逃し率について、信頼できる情報を提供しているのかどうかは疑わしい。

国土安全保障省の計算における重要な想定の根拠がこれほど薄弱となれば、政府の公的扶助のプログラムに申し込む書類不所持移民の数を予測しようとする際、実際は想定より多くの申し込みが殺到し、関係者が毎回のように「驚く」のも理解できる。地方紙サクラメント・ビーは二〇一五年四月、「運転免許証を申し込む書類不所持移民の数が予想の二倍に上り、カリフォルニア州車両管理局を驚かせた」と報じている。(13)

政治的に敏感な問題にかかわる人口動態や経済状況の説明を政府が公式に発表した際には、我々は疑ってかかるべき十分な理由がある。国境の開放がもたらす利益に関して言えば、いかにして我々が移民に関するある通説を信じるようになったのか、その仕組みをつぶさに見ることで、「専門家が提示した証拠」に対する新たな解釈につながることがよくある。

三　二〇一四年における外国生まれの人口

不法、合法いずれの移民も急増したことで、今では四千二百二十万人の外国人が米国に住んでいる（表3・3を参照）。移民は人口全体の十三・三パーセントを占め、その割合は（四・七パーセントだった）一九七〇年からおよそ三倍に増え、一九一〇年のエリス島時代の十四・七パーセント（外国生まれの割合）に近くなった。

表3.3　2014年における移民グループ“上位”10カ国

国	移民の数（百万人）	移民人口に占める割合
1. メキシコ	11.7	27.7
2. インド	2.2	5.2
3. フィリピン	1.9	4.6
4. 中国	1.9	4.5
5. エルサルバドル	1.3	3.1
6. ベトナム	1.3	3.1
7. キューバ	1.2	2.8
8. 韓国	1.1	2.6
9. ドミニカ共和国	1.0	2.4
10. グアテマラ	0.9	2.2
すべての国	42.2	—

2014年の全米コミュニティ調査を基に著者が計算。

ケネディとカッツェンバックの予想に反して、四千二百万人の移民の出身国の上位十カ国のうち、五カ国はアジアで、残りの五カ国はラテンアメリカだ。メキシコだけで二十八パーセントを占め、その規模は歴史的に見て前例のない水準だ。すでに見てきたように、一九二〇年に最も大きかった移民グループはドイツ出身者とイタリア出身者だが、両グループを合わせても全体の二十四パーセントを占めていたにすぎない。

まず最初に、一般国民と比較した移民の社会経済的なバックグラウンドがどうなっているかという全体像を見ておくと分かりやすい。表3・4によると、一般国民と移民の男女比率はほとんど同じだ（四十九パーセントが男性）。ただ、移民の方が平均年齢が七歳高い。主な移民の構成員が若者だという一般的な理解は単純に間違っているのだ。さらに、移民は一般国民よりも一部の地域に集まる傾向にある。移民の半数以上は四つの州に住んでいるが、それらの

表3.4　移民と米国人の属性（2014年）

	米国人	移民
平均年齢（歳）	37.2	44.2
男性の割合	49.3%	48.7%
カリフォルニア州、フロリダ州、ニューヨーク州、テキサス州に住んでいる割合	29.6%	55.4%
高卒の資格を持たない割合	8.0%	28.2%
学士以上の教育を受けた割合	31.9%	29.6%
被雇用者の割合	72.5%	72.9%
平均年収（千ドル）	$51.5	$44.6
人数（百万人）	276.6	42.2

2014年の全米コミュニティ調査を基に著者が計算。教育、雇用、収入の数字は25歳から64歳の人口を標本としている。

州に住む一般国民の割合はたったの三割にすぎない。

最後に、両者の間では技能レベルと経済的立場に決定的な違いがある。学士以上の教育を受けた割合は移民と一般国民でほとんど同じ（およそ三割が大卒）だが、高校を卒業していない人の割合は移民の方がはるかに高い。一般国民ではたったの八パーセント程度だが、移民では二十八パーセントだ。この低技能移民の数が偏って多いことが大きな意味を持つことになるが、その点については後の章で紹介する。移民も一般国民も仕事をしている人の割合は同じだが、平均的な収入は一般国民の方が十五パーセントも高い。

現実世界の移民政策を定める網の目のような制定法や規則、そして形骸化した法規が、一部の人だけに入国を許可するルールをつくり出している。こうしたルールに従って移民が持っている能力や才能の分布が決まり、移民が与える経済的な影響を左右することになる。

＊1　国土安全保障省の報告によると、一八二〇年から二〇一三年にかけて合法的に移住してきた移民の数は七千九百五十万人で、現時点で千百四十万人の不法移民が米国に住んでいる。一八二〇年までに、およそ八十万

人の移民が米国に移住した。以下参照。Raymond L. Cohn, "Immigration to the United States," *Economic History Association Encyclopedia*, 2015. これらの数には強制的にアフリカから米国に運ばれた黒人奴隷は含まれていない。

＊2 一時的な入国を許可するプログラムはたくさんある（例えば、留学生プログラムなど）。こうした一時的な移住者の一部も一九六五年の移民法改正による基準の一つを満たしてグリーンカード（永住ビザ）が与えられれば、最終的には表3・2の分類のどれかに含まれる。

＊3 本国に帰った移民や一時的に米国に住んでいる外国生まれの人の数も調整して計算している。

第四章　移民の自己選択

英国のトニー・ブレア首相はかつて、移民について核心をつく警句を述べた。「ある国を見極める簡単な方法は、どれくらいの人がその国に移り住みたくて……、どれくらいの人がその国を出たいかを見ればいい」[1]。

米国はこれまでずっと、多くの外国人が移り住みたい国だった。そして実際に、九千二百万人がすでに移り住み、その数は増え続けている。海外にいる人の立場に立てば、なぜ米国がそれほど人々を惹きつけるのかが分かる。どの国よりも富を得る機会があり、アメリカン・ドリームの魅力があるからだ。ただ米国人の立場に立てば、そうした魅力が新たな懸念を生み出す。米国の魅力が惹きつけているのは、どんなタイプの人たちだろうか？

それぞれの時代で移民はどう見られてきたのか、その大きな違いを歴史を振り返って比較すると面白い。ベンジャミン・フランクリンは一七五三年に、ドイツ出身の移民について辛辣な意見を述べている。「ここへ来ているのは一般的に、母国では最も無知で愚かなタイプの人々だ」[2]。興味深いことに、フランクリンのそうした態度は、単なる偏狭に基づいていたわけではないようだ。彼は若いときに、米国初のドイツ語新聞である *Philadelphische Zeitung*〔フィラデルフィア新聞〕を発行していた。

二百五十年経った今でも、我々は移民をめぐって激しい議論を戦わせている。フランクリンの移民に対する評価は今でも代表的なものだ。「ドイツ人」という単語を発展途上国のどこかの国民に置き換えればいい。フランクリンのような意見は、今日の議論においても度々出てくる。政治関係者やメディアの間では、異なった意見もよく耳にする。移民は決して「最も無知で愚か」ではなく、野心があり、モチベーションも高く、世界中で最も優秀で賢い人々を代表するというものだ。

例えば、米国に向かう若い二人のグアテマラ人が遭遇する苦境を描いた一九八三年の映画『エル・ノルテ』の論評で、映画評論家のロジャー・エバートは次のように述べている。「米国に住む移民の多くは最も優秀で賢い……彼らの多くが米国で成功している理由の一つは、勇敢で決然としているだけでなく、自分で道を選択しているからだ」。〔共和党議員である〕ミット・ロムニーもこうした考え方に共鳴している。「我々はより良い生活を求めた人々、野心にあふれた人々の子であり、孫であり、ひ孫だ」。そしてバラク・オバマは、米国がこれまで世界中で最も優秀で賢い人々を惹きつけてきたという前提で次のように語った。「これからも海外から最も優秀で賢い人々を惹きつけたいならば、我々は今の移民制度を変えなければならない」[3]。

移民に対する見方はそれぞれだが、米国に惹きつけられる人々のステレオタイプを述べたサウンドバイトは、移民に関するもう一つの核心をついている。すべての移民が同じではないということだ。米国でうだつが上がらないグループがいれば、成功するグループもいる。実際、移民の選考過程をどう思うかによって、ある人の移民に対する直感的な反応は変わってくる。移民は能力や野心に欠けているのか？　それとも「海外から来た最も優秀で賢い人々か」？

どちらの側に立とうが、前提となる認識については考えておく価値がある。移民は自ら移住という道を選択するのだ。出身国から無作為に選ばれるわけではない。

インドやメキシコ、ポーランド出身の典型的な移民は全員が同じような能力を持ち、同じような経済効果をもたらすと主張するのは無理がある。それぞれの国では異なった機会が国民に提供されており、それぞれの出身国グループは異なったものを米国経済に持ち込むことになる。また、米国に住む典型的なメキシコ人とインド人が、母国のメキシコ人とインド人を代表すると言うのも無理がある。どのようなタイプの人が移住する道を選ぶのかは、おそらく国によって大きく異なる。

移民の影響を測るには、どういった理由から移住する人、母国に残る人が決まるのかを理解することが必要だ。既存の研究から学べる大切な教訓は、最も優秀で賢い人々は自分たちを最も高く評価する国に移り住むということだ。スマートフォンや冷蔵庫、自動車が最も高く買ってくれる人のもとに運送されるのと同じ理屈だ。米国の雇用者が母国の雇用者よりも自分の持つスキルに対して高い報酬を払ってくれるとき、米国が高技能労働者を惹きつけるのは当然だろう。もしほかの国が米国よりも高い報酬を出せば、我々は彼らを惹きつけることはできないのも当然のことだ。

つまり、米国の移民は様々なグループで構成される。各グループはそれぞれの理由で移住する道を選ぶ。その結果、彼らはそれぞれ異なった能力を持っているのだ。彼らは自分で移住する道を選択するからこそ、米国に移住してくる人々のタイプが我々が求めているタイプとはマッチしない可能性が出てくる。

移民政策とは、自己選択の末に移住を希望してきた人々をふるいにかける（そして帰ってもらう）ことだと解釈できるかもしれない。移民の受け入れ国も、惹きつけられた移民が押し寄せるのを指をくわえたまままただ黙って見ているわけではない。例えば、カナダとオーストラリアは教育や職業、職務経歴を基準にビザの申請者を格付けし、ベンジャミン・フランクリンが懸念したようなタイプの移民が来るのを思いとどまらせている。米国では、自己選択の末に移住を希望する人々の一部を入国させない政策の代表的な例として、一九一七年の入管法がある。同法の下、米国は識字テストを実施したほか、入国を禁じる個人の特性を挙げている。

白痴、痴愚、知的障害者、かんしゃく持ち、精神異常者、複数の精神病を持つ人……生まれつき精神病質的劣勢の人、慢性アルコール中毒の人、貧困者、こじき、浮浪者、結核患者……重篤もしくは危険な感染病を持つ人……重罪や道徳的に卑劣な非行などを犯したことを認めた人、もしくはすでに有罪判決を受けた人……無政府主義者、力や暴力を使った米国政府の転覆を強く願う、もしくは支持する人。

移民として受け入れたくない人の特性の長大なリストを作っても、政策によってふるいにかけるには限界がある。米国が疲れた者、貧しい者、港にあふれかえる人々の中で哀れにも拒まれた者たちを惹きつけたとしても〔自由の女神についてうたった詩 *New Colossus* からの引用〕、高い給与を払えなければ、最も優秀で賢い人に移住を説得する上で移民政策ができることはほとんどない。政策で移住を希望する人々の入国を阻止することはできるが、ほかの国でより良い生活のできる人々に移住を強制することはできない。結局、米国と海外との経済環境、社会環境の差が移住を促す磁場を作り出すのであり、政策にできることは自己選択という本流の周りの支流をわずかに調整することだけだ。

一　移住障壁

一部の米国人は不思議だと思うかもしれないが、まず最初に言いたいのは、多くの人は米国に移住することに価値があるとは思っていないということだ。

国によって所得格差は大きい。多くの発展途上国の典型的な労働者は、産業が発達した第一世界に移住するだけで収入を軽く二倍にできる。そうした所得格差があるのであれば、多くの人が貧しい国から豊かな国、特に米国へ移住すると思うだろう。アメリカン・ドリームを実現するチャンスを求めない人が果たしているだろうか？　もし我々が単純に最良の経済機会を求め、さらに移住コストが安いのであれば、富を求めるホモ・エコノミクス〔自己の効用最大化を求めて合理的に行動する人〕は最も高い給料をもらえる仕事のある場所に移住し、多くの国では今ごろ人がいなくなっている状況がありありと目に浮かぶ。

ところがほとんどの受け入れ側の国は、そうした移民の流入を阻止する政策を実施している。それほど厳格ではない政策もある。米国では数百万人の移民が不法に国境を越えて来ているが、政府は見て見ぬふりをすることにしている。一方で、政策が厳格な国もある。シンガポールはゲストワーカー〔短期の出稼ぎ労働者〕に対して妊娠することを禁じ、妊娠した女性はすぐに国外追放される。

ただそうした政策が、豊かな国への移住を制限する唯一の要因ではない。そうした政策がなくても、多くの人は移住しないという選択を取る。こうした「自己検閲」はある意味、移住コストがかなり高いことを示唆している。移住コストが経済利益を大幅に上回り、移住を望む人にも自国にとどまるよう促すのだ。

コストが重要な移住障壁であることをあらゆる証拠が示している。例えば二〇一〇年時点で、三十代の建設労働者はプエルトリコでは二万三千ドル稼げる一方、米国本土では四万三千ドル稼げた。つまりプエルトリコ人の建設労働者の年収は、米国本土に移住すれば二万ドル増えることになる。生活コストの違いを考慮に入れても、利益はかなり大きい。二十年、三十年のスパンで見れば、生涯年収で二十五万ドル以上の違いになるだろう。

ちなみにプエルトリコ人が米国本土に移住する上で、法的な障壁はない。プエルトリコ人は生まれながらの米国市民なのだ。彼らに必要なのは片道の航空券だけだ。一週間分の給料もかからない。サンファンで飛行機に搭乗し、三〜四時間後にマイアミかニューヨークで降りればいいのだ。そこでは家族や友人、同郷の人が新しい環境になじむのを助けてくれるだろう。

多くのプエルトリコ人は実際にそうしている。ただもっと興味深いのは、三分の二のプエルトリコ人は米国本土に移住しない選択をし、大金をみすみす取り逃がしていることだ。母国にとどまることで、彼らは移住コストが二十五万ドル以上だと言っているようなものだ。

冷戦初期の東ドイツから西ドイツへの移住のケースも、同じようにこの問題点を明らかにする例の一つだ。東ドイツは特に抑圧的な全体主義国家で、その経済は急成長する西ドイツに大きく遅れをとっていた。東ドイツに住む多くの人にとって、自国にとどまる理由はないように思える。

一九六一年八月十三日にベルリンの壁が建設される前までは、東ベルリンの住人は列車か地下鉄（エスバーン、もしくはユーバーン）に乗るだけで西に逃れることができた。こうした車両はベルリンの端から端まで途中に何の障害もなく走っていた。実際に東と西の間を短時間、往来している人はたくさんいた。「多くの東ベルリンの住人は、西ベルリンにある映画館や劇場、ベルリン・フィルハーモニーのコンサートなどに足を運んでいた。……苦労して稼いだお金をかき集めて、……東では手に入らない服や化粧品、そのほか千種類に上る製品を買っていた。……同時に、西ベルリンの住人が東ベルリンの二カ所のオペラハウスとベルトルト・ブレヒトで有名なベルリーナ・アンサンブル劇場の観客の三分の一を占めることも珍しくなかった」[4]。

簡単に「往来」できるということは、共産党政権から亡命したい人はすぐに自由で活気のある西ベルリンに移り住むことができたということだ。実際、多くの東ドイツ人はそのチャンスに飛び乗った。ベルリンの壁が建設される三日前に当たる一九六一年八月十日付の米中央情報局（ＣＩＡ）のメモ（機密解除されたもの）には、当時の状況が書かれている。

一九四九年以降、西ドイツでは二百六十万人以上の東ドイツからの亡命者が登録されている……公表されている東ドイツの統計によると、総人口は一九四八年の千九百六万六千人から、昨年末にはおよそ千七百二十万人にゆっくりと着実に減少している……今年はこれまでのところ、亡命者の数が一九五三年以降で最高だ。［東ドイツ］政府にとって頭が痛いのは、専門家やエンジニア、知識層の割合が高いことだ……ただここ数週間、新たな要素が加わり、西ベルリンに関連して重大な局面が進展しているようだ。戦争に対する不安だけではなく、移住して逃げ出す機会がすぐになくなるかもしれないという不安が広がっている……東ドイツ政府は西ドイツへの移住の流れを食い止めるために、より強硬な手段を検討しているという証拠がいくつか出ている。(5)

当時、西ドイツが数万人のゲストワーカーを受け入れていたということは、仕事は豊富にあったということだ。そうした状況を利用していた東ドイツ人は数百万人だけで、それよりずっと多くの東ドイツ人は利用しなかった。実際に移住した人の割合は十五パーセント以下にすぎない。大多数の東ドイツ人が母国にとどまる何か大きな力がそこにはあったはずだ。その力が何なのか我々には正確には分からないが、大きな障壁や「コスト」があったのは間違いない。

これらのケースは不自然に思えるかもしれないが、移住の決断に関するより高度な研究でも同じ結論が出ている。(6) ほかの国であれ、ほかの州であれ、ほかの産業であれ、移動には途方もない費用がかかるようだ。平均的な費用は、労働者の年収のおよそ十倍と見積もられている。つまり、移住コストは数千ドル単位ではなく、数十万ドル単位だということだ。

どうしてこれほど高額な費用になるのか？　家族や家財道具を新しい場所に移動させる費用ではない。家族や友人、慣れ親しんだ環境を含めて、生まれた場所だからこそ感じる社会的、文化的、物質的な居心地の良さに、潜在的移住者は高い心理的価値を置いているのだ。つまり、移住の決断を正当化するには、生活環境のかなり大きな改善が必要となる。その結果、多くの人は移住しない方がいいと感じ、移住を自ら決断する人々が大勢ではなくなるのだ。

二　移住直後の賃金の推移

実際に米国に足を踏み入れる移民は潜在的な移民全体のごく一部にすぎないため、移住を決断する人のタイプは国によって異なり、時代によっても変わるのは当然だ。移民をめぐる議論では、次の疑問がよく浮上する。今日の移民は、以前の移民と同じくらい経済的価値が高いのだろうか？　この疑問に関心が集まるのは当然だろう。移民がどういう人たちかによって、経済に与える影響ははっきりと変わってくるからだ。

新しい移民の経済的な潜在力を測るには、移住した直後の彼らの賃金を見ればいい。教育や職歴、英語の流暢さなど彼らの持つあらゆるスキルの価値を表している。移住直後の賃金の推移を見れば、移民の生産性の推移が分かるのだ。

一九六〇年から入手可能な国勢調査のデータを見れば、そうした賃金の推移が分かる。調査の五年前から前年までに入国した移民と一般国民の間の賃金格差を各調査ごとに計算できる。合法移民、書類不所持移民を問わず、国勢調査局がカバーしたすべての外国生まれの人が調査の対象だということに注意してほしい。図４・１が示すように、入国直後の賃金の推移は興味深い動きをしている。[*1]

一九六〇年には新しい移民の賃金は一般国民を十一パーセント下回るだけだったが、一九九〇年にはその格差は二十八パーセントに広がった。どうやらその期間に、一般国民と比較した移民のスキルは大幅に低下したと思われる。移民の賃金は一九九〇年以降は横ばいで、二〇一〇年時点でもその格差は二十八パーセントのままだ。これまで述べたように、時代によって移民の生産性に違いがあるのかもしれないという思いつきこそが、私が移民の研究に興味を持つようになったきっかけだった。

図4.1　移民の入国直後の賃金（1960～2010年）

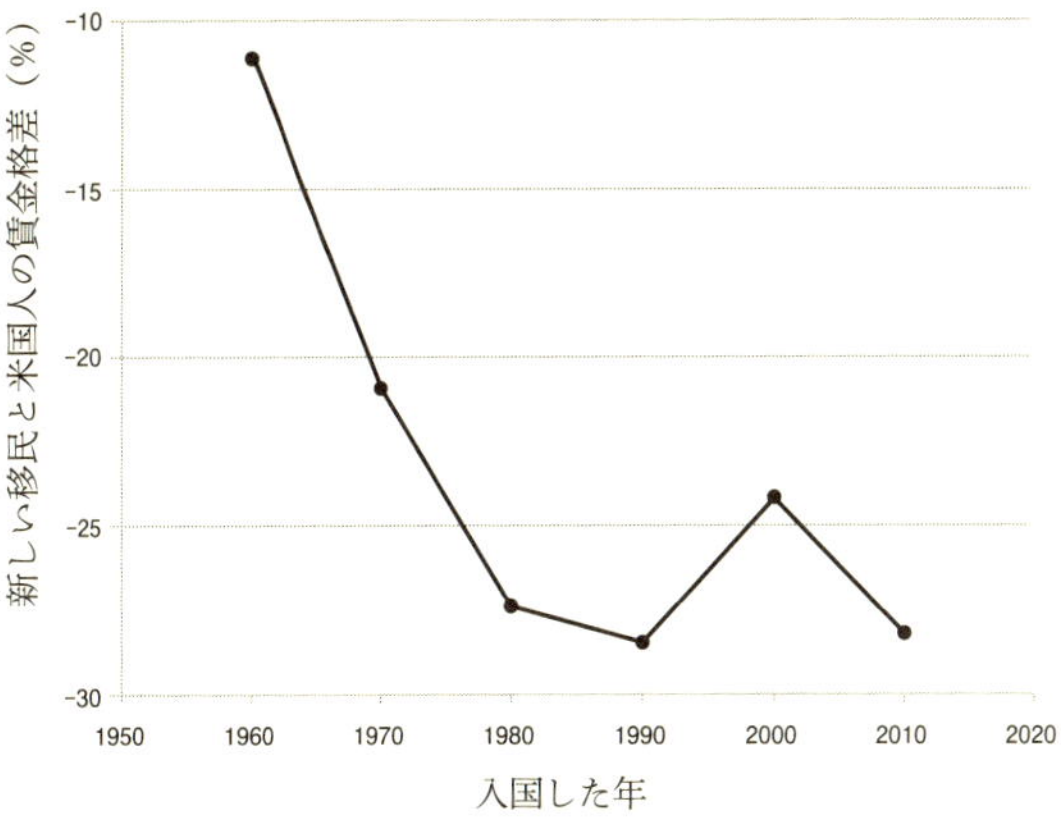

1960～2000年の10年ごとの国勢調査と2009～2011年の全米コミュニティ調査を基に著者が計算。

　移民の入国直後の賃金が低下していることに関しては反論の余地はない。ただ、それはいったい何を意味するのだろうか？　必ずしも移民の生産性の低下を反映しているのではなく、米国の労働市場の変化を反映しているにすぎないというのは一つの答えだろう。肉体労働の仕事が大きく減っており、低技能労働者が高い給料の仕事を見つけて、その仕事を続けるのは以前よりも難しくなった。さらに所得格差が拡大し、所得階層の底辺の人の経済環境は厳しさを増した。平均的に移民は一般国民よりもスキルが低

図4.2　米国人と比較した新しい移民の教育水準（1960〜2010年）

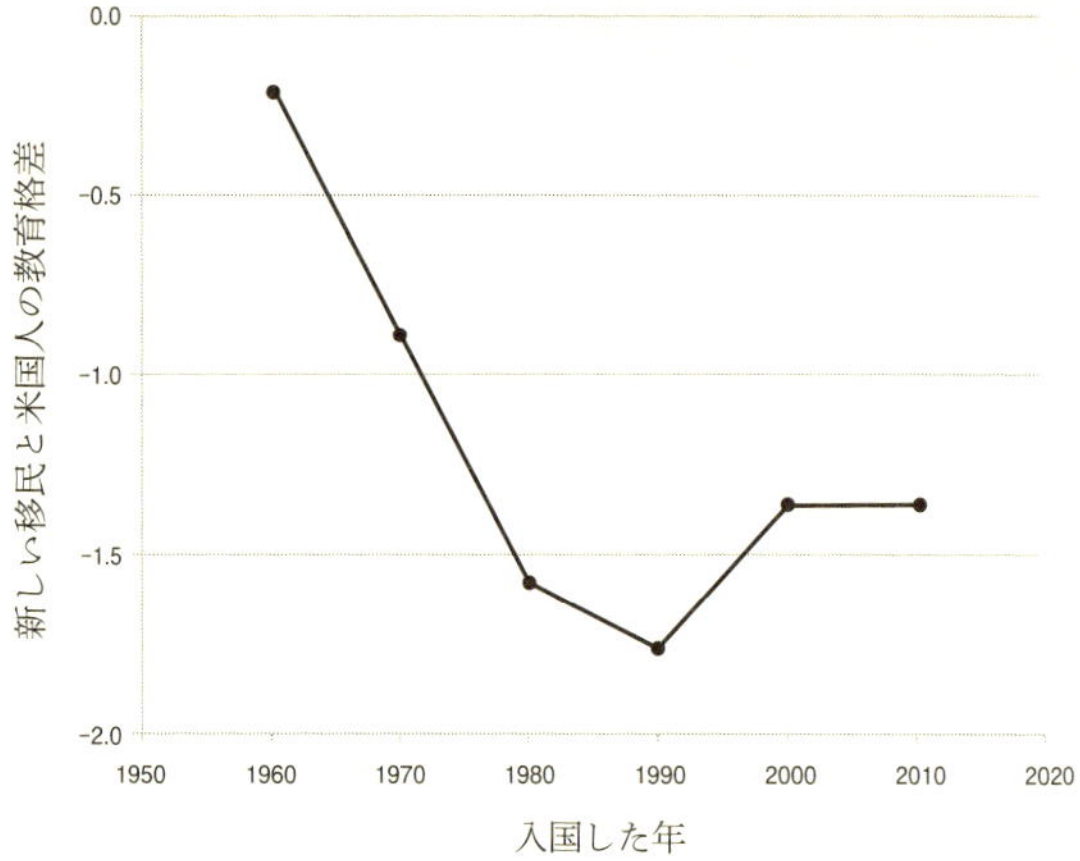

1960〜2000年の10年ごとの国勢調査と2009〜2011年の全米コミュニティ調査を基に著者が計算。

いため、彼らの移住直後の賃金の低下は生産性の低下というよりは、経済環境の変化を反映しているのかもしれない。

こうした考え方にも一理はある。ただそれだけでは、移民の入国直後の賃金の低下の説明にはならない。[7] 移民が持つスキルを表すより具体的な指標の推移を見れば、容易に分かる。彼らの教育レベルだ（図4・2）。受け入れ国の国民と比べた移民の教育レベルも下がっている。一九六〇年には両者の教育レベルは同じだった。ところが一九九〇年には、新しい移民の教育期間は平均で二年ほど少なかった。

移住直後の賃金が下がっているのは、低技能労働者をめぐる経済環境の悪化を反映しているのではなく、移民の出身国の変化と主に関係している（欧州出身が減り、発展途上国出身が増えている）。こうした変化は、一九六五年の移民法改正がきっかけとなった。母国の違いによって、移民の収入は大きく異なる。図4・3は、移民数で上位二十カ国出身の移民の収入を示している。ドミニカ共和国とメキシコ出身の新しい移民の収入は米国人よりおよそ五割も少なく、ドイツとカナダ出身の移民の収入はおよそ七割も多い。出身国が米国における移民の収入を最も端的に予想できる属性だと言っても過言ではないだろう。

このグラフをぱっと見ただけで、発展途上国出身の移民は先進国出身の移民より収入が少ないのが分かる（インドのような例外はあるが）。米国科学アカデミーは一九九七年、移民が経済に与える影響に関する調査結果を報告した。平均的な移民の経済的地位と彼らの出身国との関係について、次のようにはっきりと述べている。[*2]

> 男性、女性を問わず、相対的に移民の経済的地位が下がっている背景にはたった一つの要因がある。彼らの出身国が変化しているのだ。もし出身国が過去数十年の間に変化していなければ、移民の相対的な収入にそれほど大きな変化はなかっただろう。[(8)]

移民の収入と出身国に直接的なつながりがあるとなれば、ある疑問が浮上する。少し居心地の悪い疑問だ。人種と民族という敏感な問題が議論の俎上に載り、なぜ出身国が収入の重要な決定要因となるのか、我々は問わざるをえなくなるのだ。

図4.3　移民グループ間の入国直後の賃金の差異（2010年）

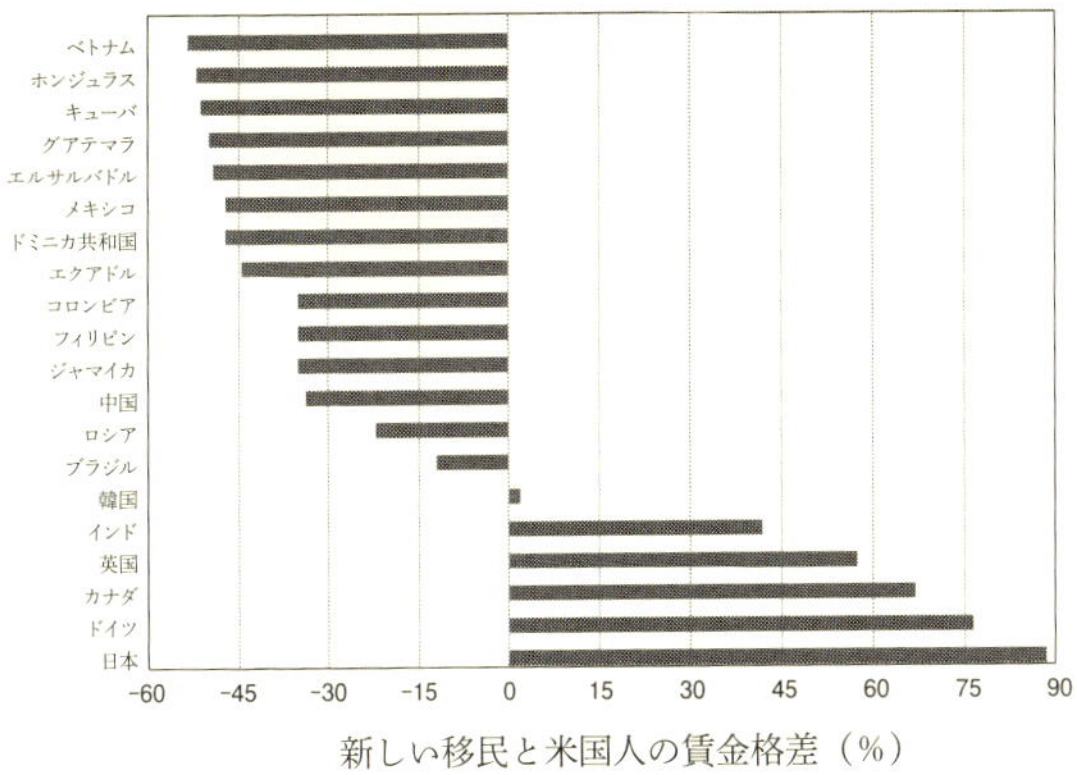

2009〜2011年の全米コミュニティ調査を基に著者が計算。

三　なぜ出身国が重要なのか？

移民は出身国によって、米国の労働市場で全く異なる扱いを受けるということを我々の多くは知っている。ではなぜ、メキシコやドミニカ共和国からの移民の収入は、ドイツやカナダからの移民よりも圧倒的に少ないのか？　その格差の原因の大半が、いくつかの根本的な要因によるものであることが分かった。

自己選択

これまで強調してきたように、移民は出身国の国民から無作為に選ばれるわけではない。移住したインド人と母国に残ったインド人、両者の典型的なタイプを比較すれば、移民がいかに出身国を代表するタイプではないかが一番よく分かる。平均的なインド人の教育期間は六年未満だが、米国にいるインド人移民の七割以上は大学、もしくは大学院を卒業している。

移民はどのように自ら移住を選択するのかについて、研究者はこれまでずっと関心を抱いてきた。そうした選択を説明するときに、二つの極端な例のうちの一つを取り上げるのが慣例となっている。移民は母国の中で最も優秀で賢く、彼らを受け入れることで我々も利益を得る。もしくは、米国はただ疲れた人、貧しい人を惹きつけているだけで、移民は我々の負担になるだけだ。

こうしたイデオロギーが背後にある想定や紋切り型の類型は全く説得力がないと感じている。一九八〇年代中盤から移民経済学に対する関心が高まるにつれて、次のことが明らかになった。移民の入国直後の収入の低下（そしてそれが彼らの出身国の変化と関連している事実）の背景を説明するには、ある重要な疑問に答えなければならない。母国に残る人と母国を出る人を分ける要因は何なのか？

移住の決断について合理的に考えた結果、どういった人が移住するのかを的確に予想できる大雑把な法則が考え出された。(9) 具体的に言うと、移住の決断は海外でのより良い収入機会が動機となっていると考えてみよう。より良い仕事であり、彼らとその家族にとってのより良い生活だ。そして、潜在的な移民が簡単な計算をしていると想像してみる。母国に残ったときの収入機会の価値と移住したときの収入機会の価値を比べているのだ。移住がもたらす利益が費用を上回っていれば、その人は移住を決断するというわけだ。

スキルが報酬に結びつかないため、高いスキルを持つ人の収入がほとんどスキルを持たない人とあまり変わらない国に住む潜在的移民に焦点を当ててみよう。デンマークやスウェーデンなど、いくつかの欧州諸国ではこういった状況が見られる。社会保障などの政策を通して、所得が平等に分配される（高技能労働者に税を課し、技能のない労働者に補助金を支給する）のだ。そうした国の多くには強力な労働組合などの組織があり、低技能労働者の収入がますます保護されている。こうした国では、米国に移住することで最も利益を得るのは、平均以上のスキルを持つ人であることは明らかだ。彼らは高い技能が十分な報酬で報われない国に住むことで、罰金を払っているようなものだ。こうした国からの移民は「前向きに選択」されており、米国もこうした頭脳流入からは利益を得るだろう。

その正反対のケースとして、スキルに十分な報酬が与えられている国に住む潜在的移民を想像してほしい。ホンジュラスやハイチなど一部の発展途上国では、スキルに与えられる報酬が大きい。報酬が大きいゆえに、こうした国では所得格差が大きくなる。高技能労働者の収入は低技能労働者よりかなり高いからだ。高技能労働者は母国を出るインセンティブがほとんどないが、技能の低い労働者は費用の問題さえ解決できれば、すぐにでも移住したいはずだ。そうした国からの典型的な移民は「後ろ向きに選択」されており、母国に残る人よりもスキルが低いだろう。

簡単に言えば、スキルを持つ人は最も高い報酬を払ってくれる場所に向かうのだ。どういった人が移住するのかを予想する大雑把な法則は単純だ。平等主義的な所得分布の国（高技能労働者が良い生活を送っていない国）から高技能労働者を惹きつけ、所得格差の大きい国（低技能労働者が貧しい生活を送っている国）から低技能労働者を惹きつけるのだ。

図4・4は、コロンビアやホンジュラス、ハイチなど所得格差の大きな国から来た移民は、インドやカナダ、オーストリアなど所得格差の小さい国からの移民より収入が少ないことを示している。こうした移住直後の収入と母国における所得格差の関係は、経済発展のレベルが近い国からの移民同士を比較しても成り立つ。つまり、移民グループの間で収入に差が出るのは、出身国によって移住を決断する人のタイプが異なることが一つの要因となっているのだ。

移民の自己選択は、受け入れ国が「必要とする」人材と実際に移住して来る人材のミスマッチの可能性を生み出す。生物科学の分野で修士号や博士号を持つ労働者の市場は、この点を表している。米

図4.4　入国直後の賃金と所得格差（2010年）

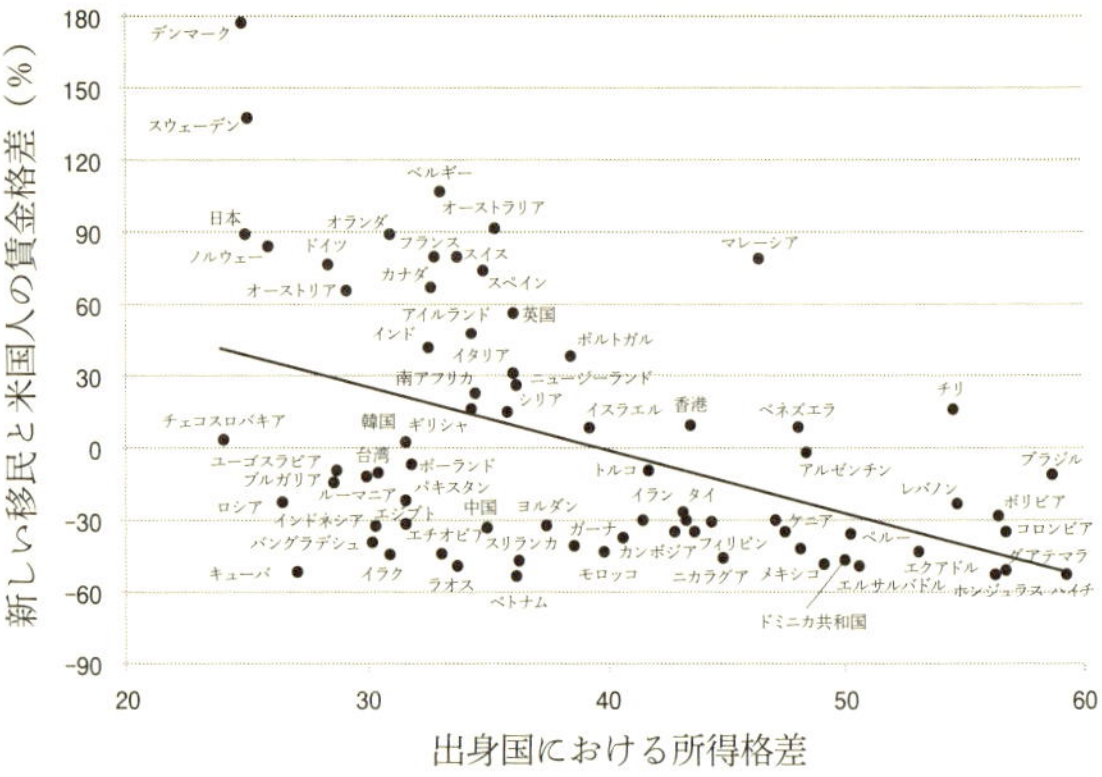

2009～2011年の全米コミュニティ調査を基に著者が計算。

国ではその分野の科学者が不足していると広く伝えられているが、高技能労働者の労働市場を数多く研究してきた経済学者のポーラ・ステファンはこうした主張を一蹴する。

より多くの学生を大学院に進学させ、科学やエンジニアの仕事に就かせることに既得権益を持つグループが、そうした人手不足を予測しているケースがよく見られる。……主に四つのグループがその首謀者だ。大学や専門家の組織、政府機関、科学者やエンジニアを雇用する企業、そして移民を専門とする弁護士。これらのグループはすべて、供給が増えることで大きな利益を得る。例えば、大学であれば学生（や研究員）が増える。企業であれば、供給の増加に伴い賃金を減らせる。[10]

人材が不足しているどころか、「生命科学の分野の博士号取得者は近年、大幅に増えているが、若い生命科学者の求人数はそのペースに追いついていない」とステファンは指摘する。[11] 一九九〇年代には需要と供給の不均衡があまりにも大きかったことから、米国学術研究会議は「生命科学分野では既存の大学院課程を拡充せず、新たな課程も作らない」ことを推薦した。[12]

米国の学生にとっては生命科学で博士号を取るよりも、ビジネススクールに行って経営学修士（MBA）を取った方が生涯年収がおよそ百万ドル高くなるとステファンは計算している。こうした大きな賃金格差は強力なマーケットシグナルを出しており、優秀な米国人学生を雇用機会の豊富な産業に送り出す機能を果たしている。ところがそのマーケットシグナルは、外国人が生命科学の分野に流れることを妨げないかもしれない。彼らの出身国の方が、高度に専門化した訓練に対する報酬が少ないかもしれないからだ。実際、外国人学生に授与された生命科学の博士号の割合は、一九八〇年の十パーセントから二〇一二年には三十パーセントに増えた。こうした流れが続けば、生命科学の研究は主に移民を雇い、さらに収入の低い職業になるかもしれない。そして移民は米国人がやりたがらない仕事をするという共通認識を強めることになる。

メキシコ人の移民を対象に考えたとき、この自己選択の議論は特に熱を帯びる。ドナルド・トランプが二〇一五年六月に大統領選への立候補を表明したとき、彼が発したコメントの一部に対して政治的非難が爆発した。そのコメントの中でも、まだ扇動的ではないコメントの一つがこれだ。「メキシコは移民を送り出しているが、彼らは最も優秀な人々ではない……メキシコが送り出しているのは問題児ばかりだ[13]」。

慎重な心遣いを要するテーマだが、経済学者はメキシコ人移民のスキルについておよそ三十年間、研究してきた。彼らの持つスキルに対するメキシコでの報酬と米国での報酬を比較すれば、移住は後ろ向きな選択によるものであることが分かる。メキシコでは大卒が高卒の二倍の収入を稼いでおり、米国よりも大学教育に与えられる報酬がずいぶん高い。最も高い教育を受けているメキシコ人の経済的な豊かさは米国に移住してもそれほど改善しないため、メキシコからの移民は平均以下のスキルしか持たない傾向にあるのだ。

ダニエル・チキアルとゴードン・ハンソンは、実際に起きている移民の選択に関する実証的アプローチを開発する重要な研究を行った[14]。その研究では、母国に「残った」メキシコ人と米国に移住したメキシコ人、両者の教育を比較している。研究には両国の国勢調査のデータを使った。驚くべきことに、米国に移住したメキシコ人は最も教育を受けたグループ、最も教育を受けていないグループのいずれにも属していないことが分かった。メキシコにおける教育分布の中間に属しているのだ。

この研究の明らかな問題の一つは、米国の国勢調査はすべてのメキシコ人移民をカバーしているわけではないということだ。多くのメキシコ人は不法に入国しており、米国の国勢調査は書類不所持移民の多くをカバーしていない。その結果、メキシコの国勢調査に基づく母国に残った人々と米国の国勢調査に基づく移住した人々との比較では、潜伏して暮らしている多くの低技能の書類不所持移民を見落としていることになる。

二人のアプローチを改良したその後の研究では、米国の国勢調査のデータをいっさい使わず、移住する前の移民の経済状況を報告しているメキシコの調査資料を使った。この研究によると、移住を決めたメキシコ人は母国に残る人の平均より三割ほど収入が低かった。[15] 収入は教育よりもその人のスキルを正確に表す指標であることから、こうした研究からはメキシコ人移民が実際に低技能労働者に偏っていることが裏付けられたことになる。

こうした証拠は、メキシコ人移民がやる気や目的意識に欠けると示唆しているわけではないことを強調しておかなければならない。移住を決めた人の母国での収入が低かったのは、自分たちの潜在能力をフルに活かそうとする際に直面する社会的、文化的、経済的な障壁のせいかもしれないのだ。米国に移住することで、そうした障壁がなくなるのかもしれない。

これまでの話を要約すると、移民は自分たちのスキルに対して米国がより高い報酬を与えてくれると思っている人々の集まりだということだ。移民が最も優秀で賢い（もしくはそうではない！）という一般的なステレオタイプは間違っている。移民は頭脳流出であることもあれば、そうでないこともある。いくらイデオロギーで目をくらまそうとしても（彼らは手強いが）、移民に関するその極めて重要な真実を覆い隠すことはできない。

経済発展

自己選択の問題を無視しても、移民グループの移住直後の収入の差を見れば、豊かな国出身の移民

図4.5　入国直後の賃金と経済成長（2010年）

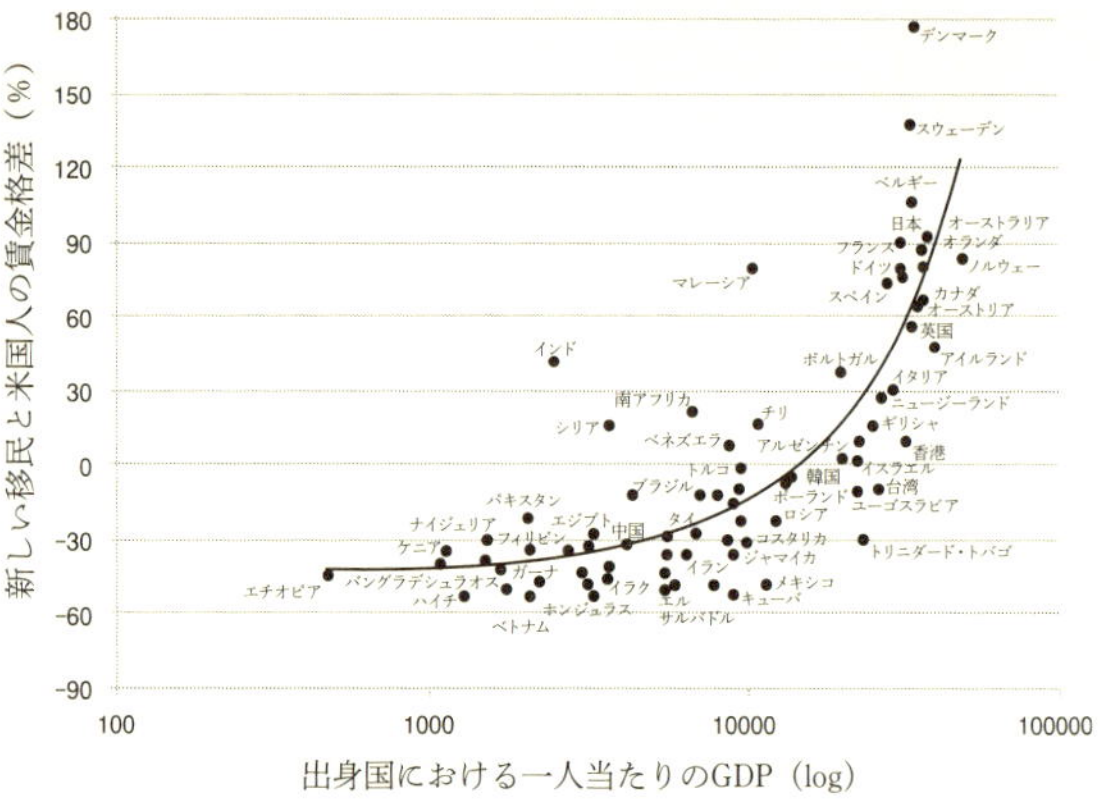

2009～2011年の全米コミュニティ調査を基に著者が計算。

は収入が高い傾向にあることが分かる。図4・5が示すように、豊かな国出身の移民は、貧しい国出身の移民よりもかなり収入が高い。

豊かな国出身の移民の収入が高いのは、移住前により長い教育を受ける機会があることが要因の一つだ。ハイチでは平均的な成人は五年間の教育を受けているだけだが、メキシコでは九年、チリでは十年、イスラエルやカナダでは十二年以上の教育を受けている。米国における移民グループ間の収入の差は、それぞれの国における教育機会の違いを反映している。

豊かな国出身であることが重要なのは、受けられる教育レベルが高いからだけではない。同じ教育レベルの移民同士を比べても、豊かな国出身の移民は経済的に成功するのだ。産業が発展した国で得たスキルは、産業の発展したほかの国でも同じように役に立つのかもしれない。[16] 一方で、発展途上国で得たスキルは、産業の発展した国ではそれほど役に立たないのかもしれない。違う言い方をすれば、豊かな国で獲得したスキルの大半は米国でも同じように「活かせる」ため、豊かな国出身の移民の収入はさらに高くなるという理屈だ。

書類不所持移民という立場

移民グループによって収入が大きく異なるもう一つの潜在的な理由は、書類不所持移民が多いグループがあるということだ。書類不所持移民はいい仕事の機会を探す際に非常に苦労する。なぜなら、仕事を探すことで見つかって、強制送還される可能性が高まるからだ。仕事を探す際に大きな網をかけることができない上、書類不所持移民という立場上、搾取される可能性があるため、彼らの潜在的な能力を十分に活かしきれないのだ。あるグループに多くの書類不所持移民がいた場合、そのグループの平均収入が見劣りするのは明らかだ。

表4.1　書類不所持移民（2012年）

出身国	書類不所持移民	移民グループにおける書類不所持移民の割合
メキシコ	6,720,000	55.3
エルサルバドル	690,000	52.1
グアテマラ	560,000	59.8
ホンジュラス	360,000	63.0
フィリピン	310,000	16.4
すべての国	11,430,000	27.3

Source: Bryan Baker and Nancy Rytina, "Estimates of the Unauthorized Immigrant Population Residing in the United States: January 2012" (US Department of Homeland Security, March 2013), 5.　2012年の全米コミュニティ調査を基に著者が計算。

実際に、移住直後の収入の低いグループの一部では、多くの移民が書類不所持労働者だ（表4・1を参照）。国土安全保障省は二〇一二年時点で六百七十万人のメキシコ人が書類不所持移民であると推測した。米国に住むメキシコ生まれの人口の五十五パーセントを占める数だ。同様に、およそ四十万人のホンジュラス人が書類不所持移民で、米国に住む同国人のおよそ三分の二を占めた。こうした規模を考えると、もし書類不所持移民に就労許可が与えられ、彼らが自由により良い仕事を探すことができ、節操のない雇用者からの搾取を回避できるようになれば、メキシコ人とホンジュラス人の不利な立場の多くは解消されるだろう。

こうした議論はもっともらしく聞こえるものの、これまでの研究結果では裏付けられていない。移民改革統制法の一環で一九八六年に恩赦を受けた労働者の収入がどのように変化したのかを調べた多くの研究がある。およそ三百万人の書類不所持移民が恩赦を受け、調査では合法の就業許可証を受け取った移民を追跡した。新たに合法移民となった彼らの収入は、一九八九年から一九九二年にかけて六～九パーセント改善した。[17]合法移民となる効果がこの程度であれば、メキシコ人やホンジュラス人などの移民グループの収入が低い理由を明らかに説明できない。彼らは米国人より五割も収入が低いのだから。

差別

多くの人は黒人と白人の格差、男性と女性の格差を見たときに、本能的に差別を理由としたがる傾向にあるが、私は労働市場での差別の問題に向き合うことは避けてきた。意外なことだが、移民グループ間の収入格差を調べた多くの研究において、差別を格差の主因として重視することを敬遠してきた。理由は明らかだ。差別が収入の最も低い移民グループの大きな足かせになっているとは思えないからだ。

まず第一に、通常は「マイノリティ」や「有色人種」と分類される移民グループの一部は、米国人と少なくとも同じくらいの収入を稼いでいる。新しく移住してきた韓国人の移民は米国人と同じくらいの収入を稼ぎ、インド人移民にいたっては四割以上も収入が高い。多くのアジア人移民の極めて高い教育レベルの影響を取り除いても、彼らの一部は白人労働者よりも収入が高い。労働省が行った二〇一四年の研究では、次のように結論づけている。

インド系、日系、中国系の米国人は最も収入が高く、それぞれ白人よりも三十二パーセント、二十四パーセント、十三パーセント高い収入を得ている……ただ、同じ教育レベルの個人同士を比較すれば、こうした収入格差は大きく縮まる。インド系、日系、中国系の優位はそれぞれ十パーセント、八パーセント、一パーセントに下がる。[18]

その正反対に、最も経済的地位の低いグループ、特にメキシコ人移民の低い収入は、彼らの教育レベルの低さが原因であることが多くの証拠で裏付けられている。二〇一〇年において、平均的な米国人は十三年以上の教育年数があったが、メキシコ人移民はたった九年間だった。教育年数が一年増えるごとに収入は最大で一割増えることから、教育格差がかなり大きな収入格差につながることは容易に分かる。実際に、米国人とメキシコ人移民の間にある五割の収入格差は、同じ教育レベルと英語能力を持つ労働者同士を比べれば、十五パーセントに縮まる。

米国で生まれたメキシコ系の収入を調べた経済学者のステファン・トレージョによる有名な研究があり、メキシコ人と白人の収入格差の原因は、黒人と白人の収入格差の原因とは異なることを強調している。

メキシコ系米国人の収入が低い主な理由は、彼らのスキルに対する労働市場の報酬が少ないからではなく、ほかの労働者に比べて人的資本が少ないからだ……メキシコ人の収入が低い理由の四分の三以上は、若さと英語力不足、そして特に教育レベルの低さで説明できる。それとは対照的に、こうした要因は黒人と白人の収入格差の理由の三分の一も説明できない。[19]

つまり、スキルの違いは黒人と白人の収入格差の理由とはならないが（そのため、格差の背景には悪質な人種差別があるという結論になる）、同じ教育レベルの労働者を比べれば、メキシコ人と白人の収入格差のほとんどは解消される。

不利な立場にあるマイノリティグループが直面する問題の多くは、米国社会の多くの場面で作用する差別的な力が原因であるが、移民に関してはその理由はそれほど説得力がない。これまでの研究で得た証拠によると、異なる理由が浮かび上がる。移民グループの一部で収入が少ないのは、単純に彼らのスキルが足りないからだ。米国に移住することで最も利益を得るのは低技能労働者であるケースも少なくない。そして彼らの持っている能力が、米国社会ではそのまま通用することは少ないのだ。

＊1　第四章で言及している移民と米国人の年齢を調整した収入の差はすべて、学校に通っていない二十五歳から六十四歳までの働いている男性を標本として算出している。

＊2　事実をすべて開示すると、私はこの報告書をまとめた全米科学アカデミーの委員会のメンバーだった。

第五章　経済的同化

前章までは、移民が米国に持ち込むスキルの傾向と移民グループの間の大きな違いを見てきた。ただ移民が持つ能力や才能が、ずっと変化しないままだとは限らないかもしれない。手にすることができるようになった多くの新たな機会を活用することで、彼らが米国人の雇用者に提供するスキルも変わっていくだろう。だが、移民の経済的な豊かさは時間が経過するにつれて目に見えて改善するのだろうか？　単純に言い換えれば、移民は社会に同化するのだろうか？

移民と米国人の収入格差が時間の経過とともに縮小しているのかをデータや文書を見て確認しさえすれば、はっきりとした答えが出るような種類の疑問のように思える。ところがその答えは、移民をめぐる議論でイデオロギーの対立する陣営が吹聴するほど単純でもはっきりしたものでもない。現実はもっと複雑なのだ。すぐに同化する移民もいれば、同化しない移民もいる。米国の歴史においてある時代では、同化することが当たり前に思えたとしても、別の時代ではそれほど当たり前ではなくなる。つまり、移民グループによって同化の速度は全くバラバラなのだ。そうした違いから、さらに重要な疑問が持ち上がる。同化のプロセスを早める、もしくは妨げる要因とは何なのか？

少なくとも国家という立場に立てば、同化は望ましいという前提でほとんどの議論はなされる。同化は前向きな変化なのだろうかと頭を悩ますことさえ、愚かなように思える。だがその疑問はそれほど的外れでもない。例えば、移民を支持する意見でよく耳にするのは、移民は米国人がやりたがらない仕事をするというものだ。もし移民がもたらす利益がこうした分業に由来するのであれば、移民の同化が米国人にとって有益かどうかはそれほど判然としない。移民が我々のようになってしまえば、我々がやりたがらない仕事は誰がするのだろうか？

移民の同化は米国人にとってそれほど有益ではないかもしれないという議論は、同化を経済的費用と便益という極めて狭い視野で見ていることが問題だ。経済的同化という概念は、この議論において極めて重要な位置を占める文化的・社会的統合よりもかなり狭い概念だ。同化というのは決して単なる経済的事象ではない。またおそらく、経済以外の側面がより重要だ。しかしながら、経済的同化はほかの側面の統合とも密接に関連しており、共に進展するものだ。

同化するということは、移民にとっては文化的伝統の一部を失うことを意味するのかもしれないが、米国にとっての利益は極めて大きい。例えば、欧州での移民をめぐる議論では、社会に溶け込まない大きなグループの存在が中心テーマとなっている。欧州における経済学者のチームは次のように述べている。「多くの欧州諸国では、移民とその子供たちの社会への統合が深刻な問題になっていると一般的には考えられている……移民は経済的に成功できないため、彼らとその子供たちは社会や経済で疎外され、結果的に社会不安につながっているのかもしれない。（英国やフランスでたびたび起こるように）暴動やテロリズムがその極端な発露の形態となっている」(1)。

その世代を代表する著名な政治学者であるサミュエル・ハンティントンが二〇〇四年に発表したある論考が、議論を巻き起こした。『ヒスパニックの課題』というタイトルで、新しい移民、特にヒスパニックの移民の同化は過去の移民のように順調には進んでいないという考察を具体的に示したものだ。いつものように歯に衣着せない主張を展開している。

過去においては、移民は母国から出国した後、深刻な障害や困難を乗り越えて米国の地に足を踏み入れた。様々な国から来て、いろいろな言語を話し、合法的に入国した。その人数は増えることがあれば減ることもあり、地方や主要都市にたくさんある同胞が集まる地区に分散して定住した……こうした手順のすべてにおいて、メキシコ人移民はこれまでとは根本的に異なっている。これらの違いが絡み合うことで、メキシコ人が米国の文化や社会に同化するのは以前の移民よりもいっそう困難になった。(2)

ハンティントンは、ヒスパニック移民の中でも特に低技能労働者が多いメキシコ人だけを憂慮していたわけではない。マイアミに定住したキューバ人についても、彼は次のように述べている。

「マイアミでは、米国人にならなければならないというプレッシャーを感じない」とあるキューバ生まれの社会学者は述べた。「我々はスペイン語を話す居住地域の中で十分に生活することができる」というのだ。一九九九年までには、マイアミにある最大の銀行、最大の不動産開発会社、最大の法律事務所のトップはいずれもキューバ生まれか、キューバ系米国人だ……マイアミではキューバ人やヒスパニックが支配的な立場で、それ以外の白人を（黒人と同じように）袖にされることもある外部のマイノリティに押しやった。(3)

ハンティントンは、ヒスパニックの同化を阻害すると思われる多くの要因を特定している。彼らの人口の多さ、極端に特定の地域に集まる傾向、絶え間なく続く同胞の流入などだ。こうした要因が重なり合うことで同化がもたらす利益がほとんどなくなり、ほとんど誰も同化しないという環境を作り出していると彼は主張する。
彼のそうした主張に対して反論がなかったわけではない。ヒスパニック移民を含め、すべての移民はきちんと同化しており、ほとんど何も憂慮することはないとの意見も強い。例えば、ニューヨーク・タイムズのコラムニスト、デイヴィッド・ブルックスは次のように書いている。

ハンティントンは、彼の主張を裏付ける多くの証拠を並べている。ところが最も説得力のある証拠は、彼の主張に反しているのだ。……ラテンアメリカ人は貧困から抜け出すことに成功している。米国に三十年住んでいる彼らのうち、六十八パーセントは自宅を所有しているのだ……彼らの子供たちはメキシコ人移民が集まる地域を離れ、米国社会にしっかりと根をおろす傾向にある。(4)

移民が政治の舞台で中心的テーマとなる中、過去数年の間に書かれた多くの記事や論説には楽観的な評価であふれている。イデオロギーの立ち位置に関係なく、コメンテーターのほとんどは楽観的な現状認識を持っている。マンハッタン政策研究所によると、

過去二十五年の間に移住してきた人は一世紀前の移民と比べると、当初は米国人と異なった生活をしているものの、より早く米国社会に同化している。(5)

またアメリカ進歩センターによると、

移民が社会の底辺から抜け出せないという主張は、彼らが単に移住してきたばかりで、同化する

十分な時間がないからだ。これまでの証拠を見る限り、時間が経つにつれて現在の移民はかつてないほど社会で成功し、米国の重要な一部になっていることが明白に裏付けられている。[6]

スキルの習得と収入の変化は客観的に測定できるため、ほかの側面の統合に比べて、経済的な同化のプロセスは立証しやすい。無視されがちだが、これまでの証拠から汲み取れる最も重要な教訓は明らかだ。移民は我々と同じように、インセンティブに反応するということだ。同化することで利益があると思えば、同化を早めるような行動をとる。もし元の民族集団の中にとどまっていた方がいいと思えば、彼らはそうする。同化の進捗が出身国によって異なり、経済や文化、政治的な状況とともに変化するのは当然だ。

移民の支持者ははっきりとした答えを望むかもしれないが、「移民は同化するのか」という質問に対する正しい答えは、単純な「はい」、「いいえ」ではなく、「一概には言えない」だ。スキルの水準や民族グループの規模、一つの地域に集まる傾向などの要因に左右され、そうした要因が同化のプロセスを早めることもあれば、遅らせることもあるというのが良識的な考え方ではないだろうか。

一　同化の進捗を測る

今日の米国で移民がどれくらい成功しているのかを俯瞰して見ることができれば、移住したばかりの移民とずいぶん前に来た移民との間で、結果が大きく異なることが分かるだろう。移住したばかりの移民の方が間違いなく貧しい。収入は低く、英語もうまく話せず、持ち家も持っていないだろう。

実際、このようにある時点の比較をすれば、移住したばかりの移民は米国人より生活が苦しい一方、長く住んでいる移民は米国人と同じくらい、もしくはより良い生活をしていることが分かる。例えば二〇一〇年には、米国在住期間が五年以内の移民の収入は米国人よりも三割ほど低かったが、一九七〇年代初頭に移住してきた移民の収入は五パーセント下回るだけだった。

バリー・チズウィックは一九七八年、一九七〇年の国勢調査の内容を俯瞰して見た論文を発表し、移民の収入と在住期間との強い連関を初めて立証した。チズウィックは経済的同化（移民と一般国民の収入格差の解消）という概念を採用し、なぜ新しい移民は長く住んでいる移民よりも収入が低いのかが直感的に分かる説明をし、大きなインパクトを与えた。

次のような筋立てだ。新しい移民は当初、移住先の地でお金を稼ぐのに必要なスキルを十分に持っていない。英語が流暢ではなく、彼の持つスキルは米国の雇用者には評価されないかもしれない。彼は一番いい仕事が何で、どこでそうした仕事に就けるのかも知らず、米国の労働市場の仕組みについても分かっていないかもしれない。ただ時が経つと、移民は新たなスキルセットを身につける（言語を学び、職業を変え、より良い機会のある街に引っ越す）。やがて移民の収入は米国人に追いつき、経済的同化が進むというわけだ。

アーノルド・シュワルツェネッガーが米国移住後に獲得したスキルは、経済的同化がどういったものかについてほとんどすべてを語っている。彼は索引カードに明確な目標を書いていたことを覚えている。「大学でさらに十二単位を取る」、「五ポンド筋肉を増やす」、「購入して引っ越すためのマンションを見つける」。シュワルツェネッガーは、どのようにこうした目標の一部を達成していたかについて語っている。

移民という立場は、大学を卒業する上で乗り越えなければならない障害の一つだった。私は就労ビザを持っていたが、学生ビザは持っていなかった。そのためパートタイムで大学に通った。どの大学でも一学期の間に二つの授業までしか取ることができず、そのため私はいくつかの大学を飛び回る必要があった。サンタモニカ大学に加えて、ウェスト・ロサンゼルス大学に通い、カリフォルニア大学ロサンゼルス校でも公開講座を受けていた。学位を取りたいのであれば、これは問題になると気付いた。すべての単位をカウントしてもらうには、それらを関連づけなければならないからだ。ただ私にとって、学位は目的ではなかった。私はただ、空いている時間を使って可能な限り勉強し、米国人のビジネスのやり方を学ぶ必要があったのだ。(7)

同様に、書類不所持移民としてフィリピンから米国に移住し、後にピュリツァー賞を受賞したジャーナリストであるホセ・アントニオ・バーガスは、どのような努力をして英語のスピーキングとライティングを学んだかを説明している。

私はフィリピンで英語を学んだが、自分の独特のアクセントをなくしたかった。高校時代には一度に数時間、テレビ（特に『そりゃないぜ!?　フレイジャー』や『ホーム・インプルーブメント』、『ゴールデン・ガールズ』の再放送）や映画（『グッドフェローズ』から『赤毛のアン』まで）を見て、ビデオを一時停止にして、それぞれの登場人物の発音の仕方を真似ようとしていた。地元の図書館では、雑誌や本、新聞など、文章を学べるものなら何でも読んだ。(8)

経済学者風に言えば、シュワルツェネッガーやバーガスは「人的資本に投資していた」ことになる。多くの時間と労力をつぎ込み、多くのほかの活動を犠牲にして、米国経済に提供できる技能を磨いていたのだ。

長く住んでいる移民が来たばかりの移民よりも成功している理由に対するチズウィックの「同化主義」的な説明は、今日でも影響力を持っている。ウォール・ストリート・ジャーナルは二〇一三年に掲載した論説で、次のように主張している。「米国に三十年以上住んでいるラテンアメリカ出身の移民は、最近移住した移民よりも持ち家を持ち、政府が定めた貧困ライン以上の世帯収入があり、自分の民族以外の配偶者と結婚している可能性が高い。すべて同化を表す一般的な尺度だ」[9]。

長く住んでいる移民と来たばかりの移民との格差を見て、同化が進んでいると解釈したくなる気持ちは分かるが、こうした誘惑は間違った道に通じていることが多い。来たばかりの移民のほとんどが長く住んでいる移民ほど成功していない背景には、ほかの明らかな理由がある。彼らは異なるグループかもしれないのだ。すでに述べたように、私の移民経済学に対する関心に火をつけたのはまさにこの疑問だった。長く住んでいる移民が来たばかりの移民より収入が高いという事実をどう解釈すべきなのか？

我々はすでに、過去数十年の間に移民が持つスキルが大きく変わってきたことを見てきた。一九五〇年代や六〇年代に移住してきた移民はすぐに高い収入を稼いだが、一九七〇年代や八〇年代の移民の波とともに彼らの収入が下がってきた。こうした傾向を考えると、どの時期を切り取っても来たばかりの移民が以前の移民ほど稼げないのは当たり前である。同化について何の説明にもなっていない。ただ単に、新しい移民と昔の移民は異なるタイプの労働者であり、新しい移民の方が生産性が低いことを示している。

一九八五年に発表した最初の移民経済学の論文で、私はある時点を切り取った比較では同化の進捗は正確には測れないと主張している[10]。特定の時期の移民のその後をしばらく追跡し、彼らが米国社会で経験を蓄積していく中で、どのように収入が増えていったのかを確認する必要があると提案した。例えば、一九六〇年代後半に移住してきた若い移民のグループを数十年間、追跡することができる。一九七〇年の国勢調査を見れば彼らの移住直後の収入が分かるし、一九八〇年の国勢調査ではそれから十年後の収入を確認できる。このように追跡していけば、この特定のグループの収入が若い米国人に追いついているかどうかをある程度把握することができる。この追跡調査の結果、ある時点を切り取った調査が示したほどには同化が進んでいないということが分かった。

私は一九八四年に、マサチューセッツ州ケンブリッジにある全米経済研究所（ＮＢＥＲ）が運営する夏期学会でこの論文の発表をした。経済学者にとって、毎年恒例のサマーキャンプのようなものだ。聴衆からの評判はかなり良かったのだが、おそらく研究手法の面での貢献が評価されたのだろう。具体的に言えば、私の論文は関心の高い事実（来たばかりの移民が長く住む移民より収入が少ない）について、これまで常識とされていた同化主義者の解釈が完全に間違っている可能性があることを示し、正しく同化の進捗を測る代替手法を提案した。

二十年後にブッシュ政権の経済諮問委員会の委員長となったエドワード・ラジアーも、その学会に出席していた。彼は当時、シカゴ大学から創刊されたばかりの学術誌であるジャーナル・オブ・レイバー・エコノミクスの編集委員だった。彼は発表の後すぐに私のところに来て、次のような趣旨の質問をした。「その論文は今どうなっているのか？」。私は数カ月前に彼の学術誌に論文を提出し、編集委員会が気に入って載せてくれるのかどうか返事を待っているところだと答えた。彼はその場で「掲載は決まったよ」と答えた。学術誌に論文を載せることが、いつもこれほど簡単であればと思う学者は私だけではないだろう。

私は当時、ほかにも数え切れないほど発表をしたが、同じような反応が返ってきた。私の発見がど

図5.1　同化の傾向（1940～2010年）

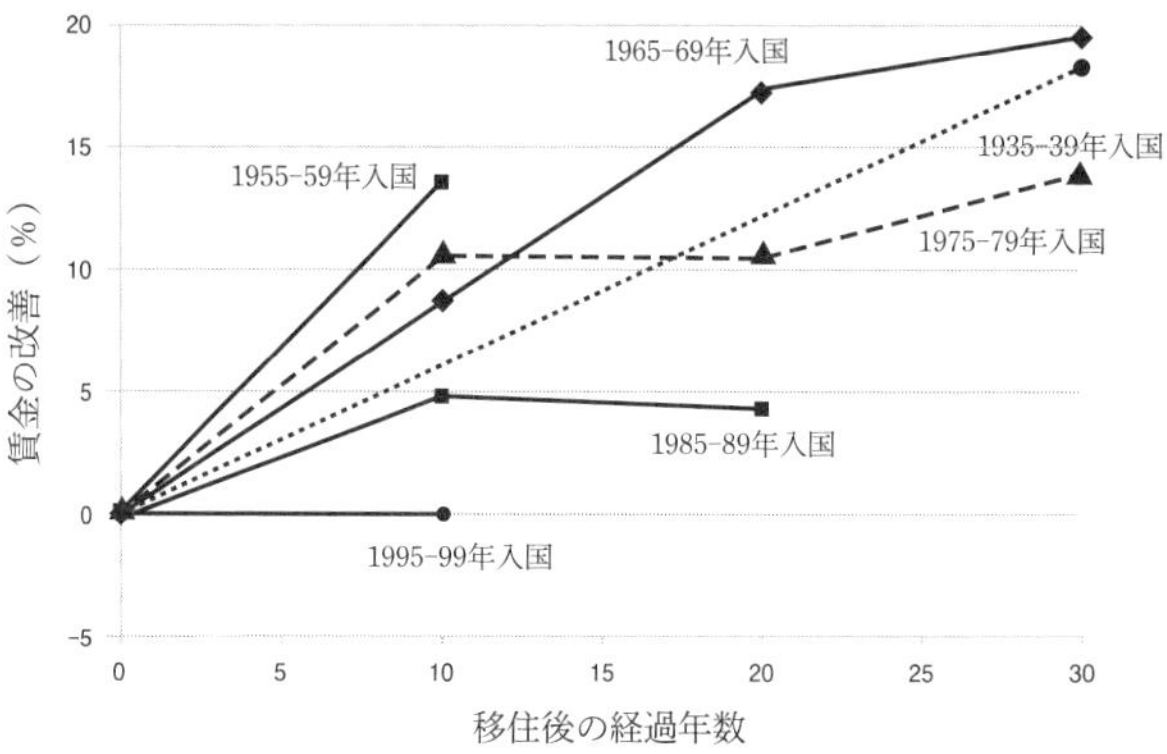

1990～2000年までの10年ごとの国勢調査と2009～2011年の全米コミュニティ調査を基に著者が計算。

んな政策的な意味を含んでいるのか（それが何であれ）、そのことについてのやり取りはあまり覚えていない。ただ、同化の進捗を測る上で取り組むべき、方法論上の難しい課題があるという発見について、聴衆の関心が高かったことは覚えている。

自分が間違っていてほしいが、もし今同じような論文が広まったら、その論文の功績は内容（どのような手法を使って課題に取り組むべきかを示した）のみに基づいて評価されることはなく、イデオロギーの色眼鏡を通して評価されるだろう。非常に政治色の濃い移民コミュニティの間での評価は、その研究結果がすでに確立した通説にきちんと沿っているかどうかに左右されるのだ。

米国への移民が急増してから数十年が経過しており、これまでの国勢調査を見れば、ある世代の移民の収入をもっと長い期間にわたって追跡できる。例えば、一九六〇年代後半に移住してきた若い移民を二〇〇〇年や二〇一〇年まで国勢調査で追跡できる。そうすれば、彼らの三十年後、四十年後の収入の変化を確認できるのだ。

このアプローチから見えてきた同化の傾向は、非常に示唆に富む。図5・1はある特定の世代の移民の時系列の収入の変化を表している。数字は同年代の米国人と比較したものだ。[*1] つまりこのグラフを見ると、移民の収入がどのくらい米国人の収入に追いついているかが分かる。一九八〇年以前に移住してきた移民の収入は、明らかに大きく改善している。最初の十年間で約十ポイント改善し、三十年後には十五〜二十ポイントの改善を見せている。[(11)]

より新しい世代の移民になると、同化の見通しはそれほど楽観的ではなくなる。一九八〇年代後半に移住してきた移民の収入は、最初の十年間に五ポイントしか改善しておらず、その後は横ばいが続く。最も気がかりなのは、一九九〇年代後半に移住してきた移民の収入は、最初の十年間で全く改善していないのだ。経済的同化は急激に進捗が鈍くなっていっているようだ。

二　本当に同化は進まなくなったのか?

図5・1が示すように経済的同化が進まなくなったのには主に二つの理由がある。まず第一に、ある世代の移民を毎回の国勢調査で追跡するやり方では、キャッチアップの過程を正しく把握できないというものだ。経済状況の変化が、同化の進捗を見えにくくしているかもしれないのだ。低技能労働者が直面する経済状況が悪化すれば、典型的な移民は米国人と同じペースで収入を増やす(追いつくのは言うまでもなく)のが難しくなる。二番目の理由がもっと厄介だ。調査の結果、最近の移民は以前の移民と同じようなペースで評価されるスキルを身につけていないことが明らかになったというのだ。もしこの理由が正しければ、移民の経済的、社会的な影響において長期的な意味合いを持つことになる。

これまでの研究で得た証拠によると、低技能労働者の労働市場の変化は、そうした同化の遅れを

表5.1　入国後10年間における賃金改善
（米国人と比較した相対値）

	賃金上昇率（%）	
移民の波	経済状況の変化を勘案せず	経済状況の変化を勘案
1975-79年入国	11.7	9.0
1995-99年入国	2.5	4.0

Source: George J. Borjas, "The Slowdown in the Economic Assimilation of Immigrants: Aging and Cohort Effects Revisited Again," *Journal of Human Capital* 9 (2015): 491.

説明する上で一つの理由でしかない。低技能労働者が経験する労働環境の悪化の影響を差し引いた上で、移民と米国人の収入の推移を計算することが可能なのだが、表5・1が示すように、それでも移民の収入が米国人に追いつくペースはかなり遅くなっている。[12] 一九七〇年代後半に移住してきた典型的な移民の収入は、一九九〇年代後半に移住してきた移民よりも二倍の速さで増えている。

つまり、移民の経済的同化が進まないのは彼らが市場で需要のあるスキルや技能を習得するペースが遅くなっていることが理由の一つだ。実際に、移民は英語が流暢になるまでに以前より時間がかかっている。過去数十年間に移住してきた移民のおよそ三割が、移住直後でもすでに英語を流暢に話せていた。移住直後に流暢な移民の割合はほとんど変わらないが、新しい世代の移民は以前の世代より英語が流暢になるまでに時間がかかっている（図5・2）。一九七〇年代後半に来た移民は、最初の十年間で英語が流暢になった割合が十二ポイント増加した。一九九〇年代後半に来た移民になると、英語が流暢になる割合は十年間でたった三ポイントしか増えていない。

十代でアイオワ州に移住したメキシコ人の書類不所持移民の説明は、周囲の環境が同化を急ぐインセンティブにいかに影響を与えるかを分かりやすく説明している。

私の高校には私の家族以外にヒスパニックの家族は一つしかいなかったと思う。英語を習得する

図5.2　同化と英語の流暢さ

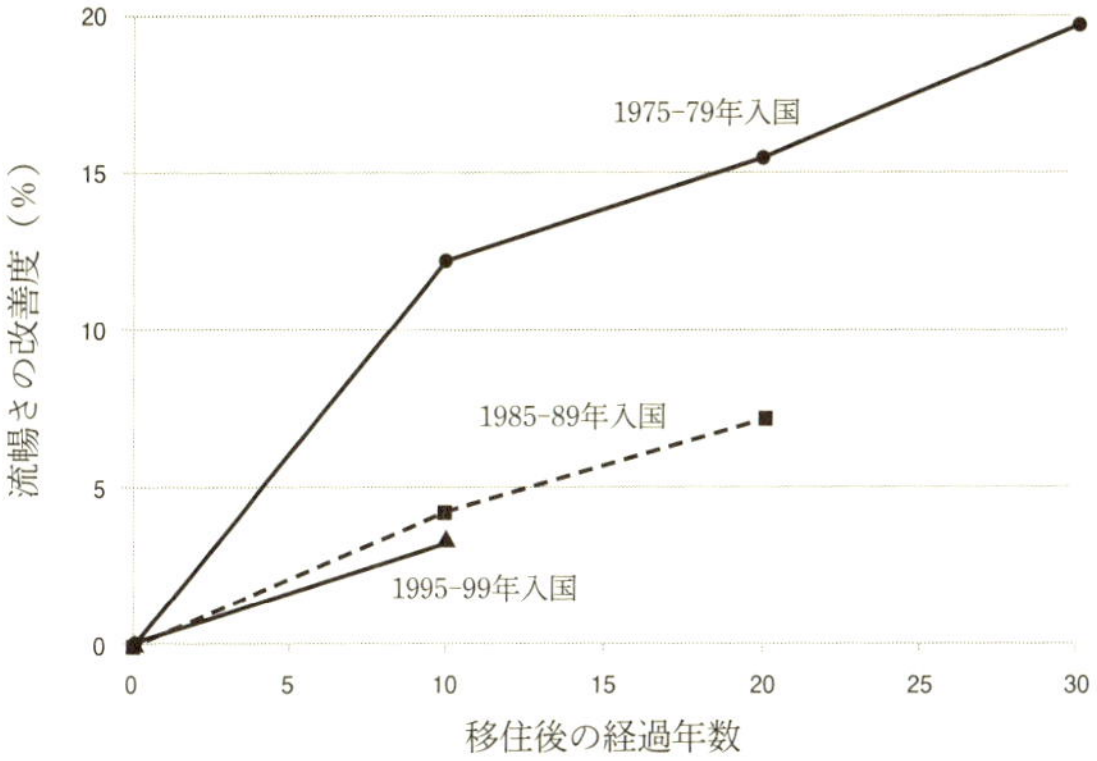

1980～2000年の10年ごとの国勢調査と2009年～2011年の全米コミュニティ調査を基に著者が計算。

のは難しかったが、今の時代の人たちよりは簡単だった。私には通訳してくれる人はおらず、高校でもほかのヒスパニックの生徒は私にスペイン語で話しかけてこない。私たちはすぐに英語を話さなければならなかったのだ。自分でなんとかしなければならず、そんな風にして自然と早く覚えていった……今では多くの人は英語を話す必要すらない……努力すらしない人もいる。[13]

過去の記録を見て、二十世紀に入るころに来た移民はきちんと同化したのだから、今の移民もそうなるはずだと主張することで、こうした最近の移民の同化の遅れを示す証拠を認めたくない気持ちは分かる。当時の移民の収入は、引退するまでに大幅に改善したと一般的には考えられている。エリス島の時代の移民と一般国民との収入格差は、移住から十五年以内に解消されたと言う人もいる。[14]

ところが新たにデータを見直してみると、こうした通説が間違っていることが分かった。その当時に編さんされた国勢調査の発表資料では、ある特定の人物を調査ごとに追跡することができる。例えば、一八九四年にウェールズから移住してきたジェイムズ・アレクサンダーという名前の男性は、一九〇〇年、一九一〇年、一九二〇年の国勢調査で確認でき、彼がどんな仕事に就いていたかが報告されている。こうした人物レベルでの追跡により移民の職歴を調べ、米国人の職歴と比較できる。

追跡調査の結果、すぐに同化していたという通説は覆された。経済史家のラン・アブラミツキー、リア・プラット・ブスタン、キャサリン・エリクソンは次のように結論づけた。

> 欧州からの移民の収入が米国人に十〜十五年で追いついたという見方は……誇張されたものだ。我々の調査では、移住直後にある移民と米国人との職業格差は、時間が経っても縮まらないことが分かった……過去にはほとんどスキルを持たずに移住してきた移民が自己投資によって一世代で米国経済で成功できたという従来の見方に疑問を投じるような傾向だ。(15)

つまり過去のデータを見る限り、エリス島時代の移民の収入が生きている間に改善したことを示すいかなる証拠も驚くことにほとんどないのだ。

過去の移民の同化の推移を百年という長い期間を通して見ると、非常に面白いことが分かる。大量の移民が移住してきたのは二十世紀の初頭と二十世紀の終わりの二つの時期だが、移民の収入が生きている間に大幅に改善したのは、その二つの時期に挟まれた期間に移住してきた移民だけに限るようだ。その期間はいろいろな理由から移民が減った時期とたまたま重なる。当然、いったいなぜなのかという疑問が出てくる。その疑問は重要な意味を持っている。

三　同化と教育

その答えを推測する前に、まず明らかな事実を指摘させてほしい。それは移民の平均的な経済的同化の傾向を見るだけでは、移民グループ間の大きな違いが見えにくくなるということだ。典型的なメキシコ人の移民とロシア人の移民の間では移住直後の収入が大きく異なるように、同化の進捗も大きく異なる。

図5.3　賃金の伸びと教育

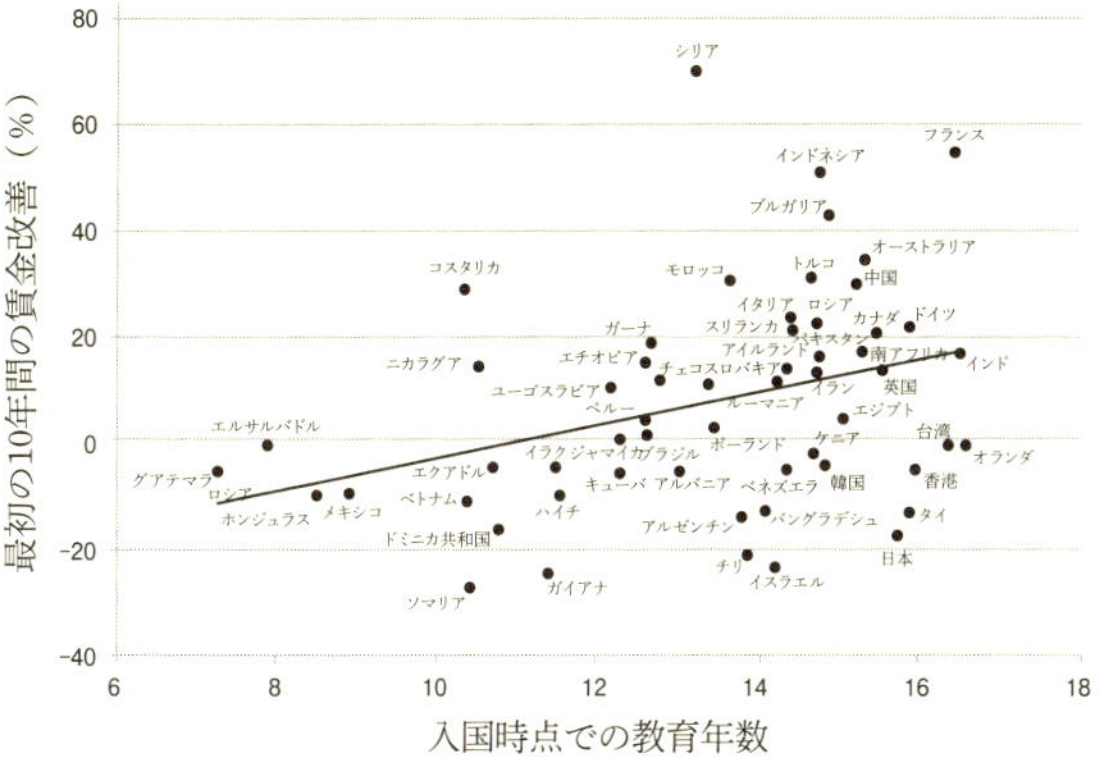

2000年の国勢調査と2009〜2011年の全米コミュニティ調査を基に著者が計算。

特定のグループを二〇〇〇年から二〇一〇年まで追跡することで、移民グループ間の差異を容易に立証できる。例えば米国に一九九〇年代後半に移住し、当時三十歳くらいだった韓国生まれの男性のグループを考えてみよう。*2 二〇〇〇年の国勢調査を見れば、彼らの移住直後の収入が分かる。四十歳くらいになり、移住から十年を経た二〇一〇年の調査も確認する。彼らの収入の推移を同年代の米国人と比べれば、どれほど追いつくことができたかが分かる。同じようなやり方で、ほかの移民グループについても確認すれば、キャッチアップの進捗度合いがグループ間でどれだけ違うかが分かる。

図5・3は経済的同化と教育の連関を表している。それぞれのグループの間で同化の進捗が大きく異なることに注目してほしい。中国人の移民の相対収入〔米国人と比較した収入〕は、最初の十年間でおよそ

三十ポイント改善する一方、キューバ人の移民では六ポイント、メキシコ人の移民では十ポイントそれぞれ悪化した。インド人の移民の相対収入の伸びは十七ポイントにとどまる。

なぜすぐに同化するグループがいる一方、同化が進まないグループもいるのだろうか？　言うまでもなく、スキルが問題なのだ。教育レベルの高い移民はおそらく、英語を流暢に話せるようになる、労働市場での雇用機会をうまく捉えるようになるなど、容易に新たなスキルを習得する。つまり、移民がすでに習得していたスキルと彼らが将来に習得するスキルの間にはある種の補完関係があるのだ。

四　同化と民族居住地区

新たなスキルを習得するメリットは、日々の生活においてどれくらいの頻度でそのスキルを使うかに左右される。エドワード・ラジアーはこの議論を次のようにまとめている。

共通の文化と共通の言語が、個人同士の交流を円滑にする。個人は潜在的な交流相手の人数を増やすために、ほかの言語や文化を学ぶインセンティブがある。小さなマイノリティ集団に属する個人の方が、大きなマイノリティ集団に属する個人よりも同化がもたらす価値は大きい……ある移民の母国の文化や言語が移住先の国で広く浸透しているとき、その移民は同化しない傾向にある。[16]

経済の専門用語が目につくが、背後にある考えは明瞭だ。米国に同胞がほとんどいない移民は、流暢な英語などより広い世界における社会的・経済的交流で必要とされる技能を習得することに対して強いインセンティブを持っている。対照的に、同胞が温かく迎えてくれる大きな居住地区を持つ移民は、こうした技能を習得する必要性に乏しい。彼らの母国での技能を評価できる人たちがすでに周囲にいるのだ。

民族居住地区の潜在的な規模は、ある国から来た移民の総数だけではなく、彼らがどれほど分散して住んでいるかにも明らかに左右される。つまり、百万人のキューバ人移民全員が同じ都市に定住するか、彼らが三百の都市にバラバラになって住むかで大きく異なるのだ。もし彼らが極端に一カ所の地域に集まれば、人数の少ない移民グループでも新しい移民にとっては活気に満ちた民族コミュニティを形成できる。

来たばかりの移民が住むことになる民族居住地区の規模を予測する簡単な方法は、以前の世代の同胞の移民の定住パターンを見ることだ。これまでのほとんどの同胞がしてきたように、新しく来た移民も同じ大都市地域に定住した場合、その地域には何人の同胞が住んでいるだろうか？　図5・4が示すように、多くの同胞に迎えられた移民は、英語が流暢に話せるようになるのに時間がかかる。

交流できる同胞の数がすでに多いとき、新しく来

図5.4　英語の流暢さと民族居住地区

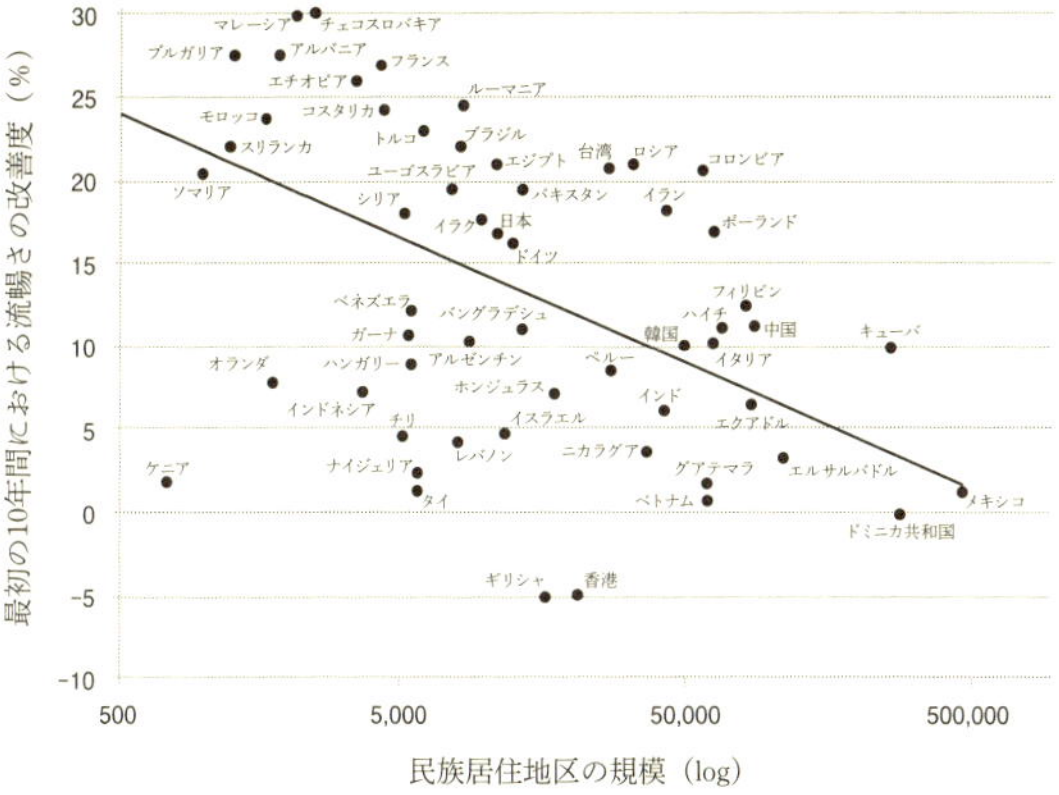

2000年の国勢調査と2009〜2011年の全米コミュニティ調査を基に著者が計算。

た移民にとってその民族居住地区の外で評価されるスキルを習得するインセンティブをあまり持たないのは自明のように思える。それでも、民族居住地区は経済的にプラスだと主張する人がいる。こうした見方が生まれたのは、プリンストン大学の著名な社会学者であるアレハンドロ・ポルトの研究からだ。

民族居住地区が十分に発展すれば、新しく来た移民はそのコミュニティの中だけで生活することが可能になる。民族コミュニティの生活圏から一歩も外に出ることなく、仕事、教育、医療サービスへのアクセス、娯楽、その他のサービスを享受できる。このように社会が完結していれば、新しく来た移民の暮らしは改善しやすくなる。(17)

ある意味では、民族居住地区が「社会として完結」していれば、ほかの経済とは切り離された状態で機能できるため、移民はそのコミュニティ内での努力に集中するだけでも失うものは少ない。民族居住地区で育った個人的な経験から、私はこうした考え方に深く共感している。そうした地区は移住したばかりの困難な時期に、医療サービスから社会交流、単純な人探しなど移民の多くのニーズを満たしてくれる。移民にとってはすべてが貴重なサービスだ。

民族居住地区のこうした利点は、収入の増加という極めて狭い尺度を見るだけでは見えてこない。純粋に収入面での成功という観点から言えば、そうした地区のおかげで移民の暮らしが「改善する」という見方はデータと矛盾する。大きな民族居住地区に住む移民の収入は最も改善しないことが立証されており、そうした地区は経済的な罠となっている。単刀直入に言えば、移民グループが一つの地域に集まると彼らの同化は進まない。もし彼らが自分たちの住んでいる地域の外の仕事に目を向ければ、もっと給料のいい仕事にありつけるはずだ。たびたび引用されるある論文の言葉を使わせてもらうと、「開かれた経済で働くマイノリティの移民労働者は、民族居住地区の閉じた経済で働くマイノリティの移民労働者よりも、自分たちの持つ人的資本に対して高いリターンを得る傾向にある」(18)。同化と民族居住地区のこの関係は、ニューヨークに住む移民とほかの大都市地域に住む移民の同化の違いを説明する際に使われてきた。

なぜニューヨークという都市では、移民はスムーズに社会の本流に溶け込むことができるのか？……世界のあらゆる国から移民が集まり、一つのグループが海外出身者の十二パーセントを超えることがないからだ。そうした環境の中では、一つのグループが孤立した居住地区を形成しにくくなる……移民が「新たに」住むようになった都市ではそうはいかない。アトランタのような都市では、……人々の融和はそれほど起こらない(19)。

ハーバード・エンサイクロペディア・オブ・アメリカン・エスニック・グループスは、一九〇〇年代初頭のイタリア人移民について同じ点を指摘している。「イタリアの各地から新しく来た移民は同じストリートや共同住宅に住み、同じ工場で仕事を得ようとするが、いつもそうできるとは限らない。彼らはほかのイタリア人だけではなく、近くに住み、働いているアイルランド人、ドイツ人、ポーランド人、スカンディナビア人とも会って、交流するようになる。……イタリア人だけが集まって住むような地区は、ほとんどないのだ」(20)。

私はこの章の最初に、メキシコ人移民の同化の見通しに関するサミュエル・ハンティントンの議論を呼んだ予測を引用した。ハンティントンが火をつけたこの議論は今でも続いている。例えば、英誌エコノミストは二〇一五年、ハンティントンが米国に移住するメキシコ人に関して悲観的で悪意すら感じる本を出版し、彼らの数の多さやカトリックの価値観、出生率の高さ、英語に与える脅威などに対する懸念を表明したと指摘し、議論に再び油を注いだ。(21)

彼が本にまとめている証拠を見れば、そうした懸念の一部は当然だと思えるかもしれない。確かにほかのグループと比べてメキシコ人の収入の伸びは緩やかで、英語が流暢になるのも時間がかかる。ただ同時に、同化とスキルとの連関や同化と民族居住地区の規模との連関を表すグラフに描かれた傾向線を見れば(図5・3と5・4)、メキシコ人が「異常値」〔サンプルの中の主要値から離れた値〕のグループではないことが分かる。彼らはそうした傾向線から推測される経験をしているだけだ。

つまり、同化へのインセンティブを左右する彼らの置かれた環境を考えればこうなるだろうと予想されるペースで同化し、英語を習得しているにすぎない。ほとんどのメキシコ人が低技能であることを考えれば、彼らが米国人に追いつくのはさらに時間がかかるだろう。メキシコ人居住地区の巨大な規模が彼らの同化をさらに遅らせる。ただ、それはメキシコ人であるということとは全く関係なく、彼らが持つスキルと彼らが置かれた社会環境のせいなのだ。

メキシコ人移民の収入はなかなか改善しないかもしれないというハンティントンの警告を無視するのは、賢明ではないだろう。同様に、そうした結果を彼らが「メキシコ人であること」と結びつけるのも間違っている。メキシコ人はお隣の国の人で、米国の南部と根深い歴史的なつながりがあるから「特別」なのだという議論を聞くことがよくある。ただそれを裏付けるデータはない。メキシコ人は特異な決断をしているわけではない。ほかの移民グループもメキシコ人と同じ環境に置かれれば、同化するかどうかに関して同じ決断をしているだろう。

民族居住地区と経済的同化との連関を考えれば、大規模な移住が続いていることが同化の進捗を遅らせる一因だとしても不思議ではない。多くの民族居住地区の規模が急拡大する中で、新しく来た移民は外部のより広い経済で評価される技能を習得するインセンティブを失っているのだ。ただデータを詳しく見てみると、民族居住地区の拡大は同化が進まない理由の三分の一も説明しない。[22]はっきり言えば、同化の進捗が遅れる背景は十分には解明されていないのだ。

議論を終える前に、この章で見てきた証拠は移民の同化はスムーズで、以前と同じように進行しているという（影響力のある通説が広めた）大衆の認識とは矛盾しているように見えるということを特筆しておきたい。例えば、全米科学アカデミーが二〇一五年の秋に移民の同化に関する報告書を発表したのだが、ウォール・ストリート・ジャーナルの編集委員会はその内容にご満悦だった。

大変申し訳ないが、保守派の盟友にいいニュースが届いた。米国に来たほとんどの移民は以前と同じように同化していることが分かったのだ。それが全米科学アカデミーがまとめた四百ページに上る新たな報告書の要旨だ……次の文章はお金に関して述べている。「あらゆる計測可能なデータが、移民の統合は時間とともに進み、米国に長く住めば住むほど米国人と同じになることを示している」。[23]

同様に、ニューヨーク・タイムズは「現在の移民、以前の移民と同じペースで同化」という見出しの記事で、報告された証拠を次のようにまとめた。[24]「移民の教育レベル、仕事の多様性、収入、英語の流暢さは、米国に長く住めば住むほど改善する」。

こうした新聞社の解釈が全体像を正確に表しているかを判断するには当然、報告書に実際にどのように書かれているのかを確認する必要がある。報告書における移民の「お金に関する文章」は次のようにも書かれており、全米科学アカデミーが証拠をどのように解釈しているかが分かる。

滞在期間が長くなることで移民の収入は増えるが、米国人には完全には追いつかない。

スペイン語話者とその子孫は、英語の習得と母国語を話す能力を失うという両面で、ほかの移民グループよりも統合が遅いように見える……米国におけるスペイン語話者の規模の大きさと絶え間ない流入がその大きな理由だ……

スペイン語話者はほかの移民と比べて、英語が流暢になるのが遅いようだ。[25]

つまり、入国直後の大きく出遅れた立場は、経済的同化によって完全には克服されない。一部の移民グループ、特に巨大な民族居住地区に迎え入れられるグループは、同化を早める重要なスキルを習得しない傾向にあるのだ。このように、研究で分かったことはほとんど同じである。すべては解釈次第なのだ。

五　歴史から推測できること

これまでの歴史を見てみると、一九二〇年以前と一九八〇年以降、二度の大規模な移民の時代に米国に移住してきた移民は、いずれも移住してから収入が大きく改善していない。百年という長い期間を俯瞰して見れば、移民の収入が引退するまでに大きく改善するのはまれで、それを実現したのは二度の大規模な移民の時代に挟まれた期間に移住してきた人々だけだ。そうした顕著なパターンが起きた主な要因が何であるのかはまだ分からない。ただ、考慮すべきいくつかの考えをほのめかす証拠はある。

まず第一に、移民の収入が生涯にわたって急激に改善するのはまれなことだ。社会的、経済的な階層を上がるのが容易だと一般的に考えられている米国でさえ、その事実は変わらない。

第二に、インセンティブが特に強いときに移民は同化するが、（大きな民族居住地区があるなど）同化の必要性が乏しいときは同化しない。

第三に、一九二〇年以前と一九八〇年以後の移民は、その人数の多さが収入の改善の阻害要因だったのではないのか。これは魅力的な推測だ。その二つの時代に挟まれた時期は、世界恐慌による経済の混乱と第二次世界大戦による政治の激動に加え、抑制的な移民政策によって移民の数が非常に制限された時期とたまたま重なる。

次の興味深い疑問はこれから議論していかなければならない。二度の大規模移民の時代に挟まれた期間に米国に来た移民が経済的に成功したのは、移民の人数が制限されたことと関係があるのだろうか？

＊1　図5・1と図5・2における移民と米国人の年齢を調整した収入の差は、学校に通っていない二十五歳から六十四歳までの働いている男性を標本として算出している。

＊2　図5・3と図5・4の追跡調査では、一九九五年から一九九九年の間に米国に移住し、二〇〇〇年の国勢調査の時点で年齢が二十五歳から三十四歳までの男性を標本としている。移民の比較対象は二〇〇〇年時点で二十五歳から三十四歳の米国人だ。

第六章　人種のるつぼ

米国が人種のるつぼであるというイメージは、建国のときまでさかのぼる。フランス出身の移民であるミシェル・ギヨーム・ジャン・ド・クレヴクールは一七八二年に出版した名著『アメリカの農夫からの手紙』において、次のように述べている。

米国人というこの新しい人種はいったい何者なのだろうか？……例えば、父がイングランド人で、母がオランダ人で、フランス人の女性と結婚し、四人の息子はそれぞれ違う国出身の妻を持つある男がいる。彼は米国人だ。……ここ米国では、個人は新しい人種に変わる。彼らの勤労と子孫がある日、世界を大きく変えるだろう。(1)

異なる人種が溶けて混ざり合い、新しい人種をつくるというイメージが米国人の精神に与える影響は極めて大きい。こうした神話的な見方を踏まえれば、エリス島の時代の絶頂期である一九〇八年に、イズレイル・ザングウィルの人気を博した戯曲『人種のるつぼ』がニューヨークで開演したのも、ほとんど自然な流れだったように思える。この戯曲は次の象徴的な物語を社会に広めた。ロシア出身の二人の移民、デイヴィッドとベラは恋に落ちた。デイヴィッドはユダヤ教徒で、ベラはキリスト教徒だ。ベラの父はデイヴィッドをロシアから追放する計画にかかわっていた。ところが米国では愛に勝るものはなかった。デイヴィッドとベラはよりを戻し、太陽が自由の女神の背後に沈んでいく中、ともに人種のるつぼの崇高な力をたたえた。

デイヴィッドとベラはおとぎ話のような仲直りをしたが、大量に移住してくる移民の民族が多様化する中で、人種のるつぼがもはや機能しなくなるのではないかという不安も広がった。こうした不安を火種として、新しく来た移民は以前の移民より劣るという人種差別的な論評が出てくるのに時間はかからなかった。おそらくこうした懸念を代表する本は、一九一六年の『偉大な人種の消滅』だろう。その中で、著者のマディソン・グラントは次のように述べている。

自分の住む環境を改善したいという自らの衝動で移住してきた以前の移民は北方人種だったが、新たに来た移民には北方人種以外も混じっている。運航会社はアメリカを牛乳や蜂蜜が流れる土地だと宣伝し、欧州各国の政府はこの機に便乗して、囚人や亡命者をのんきで豊かで寛容なこの国に押し付けようとしている。その結果、ますます多くの移民は、……ポーランドのユダヤ人居住地区から来た哀れで貧しい人々に加え、地中海やバルカン半島の最下層から来たあらゆる人種の中でも虚弱で、打ちひしがれ、精神に障害を抱える者たちで占められている。(2)

こうした不安から、一九二〇年代初頭までに厳しい移民規制が導入された。グラントは同書の第四版で、次のように誇らしげに述べている。本書の「最大の功績の一つ」は、「好ましくない人種や人々の移住に対して差別的で制限的な政策」が導入されたことだ。(3)

それから百年、「哀れなユダヤ人居住地区」から来た移民の子孫の統合や収入に対する懸念は解消され、こうした移民グループが区別されてきた一般国民との多くの違いはなくなった。ところが、過去数十年間の移民の急増でこうした議論が再燃している。最近の移民の子孫は、二〇六五年までには少なくとも人口の十八パーセントを占めるだろうと人口統計学者は予測する。[4]

〔移民が劣化したかどうかをめぐる〕現代の対立する主張の一方は、長期的な視野に立った上で、我々の先祖も同じ懸念を持っていたが取り越し苦労にすぎなかったと指摘する。例えばウォール・ストリート・ジャーナルの編集委員会は次のように述べている。

新たに来た移民がアメリカを荒廃させ、悪い方向に変えているという不安はずいぶん昔からあった。……左派の多くがヒスパニックの個別のアイデンティティを認めることを奨励しているのは確かだが、アメリカの文化や経済活動において見られる大きな同化の渦の中ではその影響は限られている。[5]

別の見方をする人々の主張は、もう少し控え目のようだ。ロバート・サミュエルソンは、ワシントン・ポストに次のように書いている。「米国の栄光の一つは、これまで多くの移民を社会に同化させてきたことだ……ただ私は愚かな楽観主義者ではない。同化には時間と適正な環境が必要だ。この国が新たに来た貧しい移民であふれ続ければ、彼らはうまく同化できない」[6]。リバタリアンのブログサイト、カフェ・ハイエクの二〇〇六年五月二十三日のエントリーで、経済学者のラッセル・ロバーツは政府の政策の一部が移民の同化の決断にますます大きな影響を与えていることを非難している。「多くの法律は移民が同化しないままでいることを容易にし、彼らに文化的にも政治的にも自分たちの民族グループをアイデンティティとして確立するよう奨励している」。

人種のるつぼが長い期間を経てうまく機能しているのかどうか、我々はそのことに対して関心を持っているが、言うまでもなく経済的な側面だけを問題にしているわけではない。ただ、移民の子供たちの世代の収入が親たちよりも改善しているかどうかという経済的な側面は容易に計測でき、注目度も高く、ほかの側面にもおそらく影響を与える。収入を改善させるには、英語を使うかどうか、民族居住地区から離れるかどうか、米国での生活の文化基準を取り入れるかどうかなど、様々な選択をする必要があるからだ。

こうした選択は、孤立した状況でなされるわけではない。時代や場所に左右される。二十世紀の米国という文化的、政治的、経済的な環境では人種のるつぼがうまく機能したが、ほかの時代や場所でもそれが再現されると考えるのは浅はかだ。ある意味、現在の大量の移民の子孫に何が起こるかを予想する上で、過去の経験はほとんど何の手がかりにもならないのだ。

一 子供たちはどうなるのか?

移民の子供たちの経済的地位は彼らの両親よりずいぶん高いと一般的には考えられている。子供たちは通常、家族の中で初めて母国語のように英語を流暢に操り、米国の学校で教育を受け、米国の労働市場で成功するには何が必要かを早い時期に本能的に学んでいる。

移民の子供たちが両親よりも大きく成功するという認識は、ある時点の両グループの比較がその根拠となっている。例えば、二〇〇〇年の国勢調査形式のデータで両世代の米国人が分かるようになっている。一番目の世代は移民であり、二番目の世代は米国生まれだが少なくとも一方の親が外国生まれ、つまり移民二世という世代だ。このデータを使えば、それぞれの世代の労働者が一般的な労働者と比較してどれくらい稼いでいるかを確認するのが容易になる。

こうした比較を通じて、極めて興味深い発見につながることがよくある。例えば二〇〇〇年の数字を切り取って見ると、移民は平均的な労働者より収入が二十一パーセント少ないが、移民二世の世代の収入は九パーセント多い。別の言い方をすれば、移民二世の世代は移民の世代よりも三十パーセントも多く稼いでいることになる。

移民二世の驚異的な収入を見ると、移民の子供たちは親よりもかなり収入が高いことを示唆しているように思える（実際にそう解釈されている）。その背景として、次のような説明がなされる。移民の経験がその子供たちを「ハングリー」にし、彼らは米国の労働市場での成功を確実にするスキルを身につけるようになる。

移民の子供たちが誰も予想できないような成功をつかんだケースには枚挙にいとまがない。その際には、移民としての経験が果たした役割の重要性がよく言及される。デイリー・メールの最近の記事では、二〇一五年にすべてのアイヴィー・リーグの大学に受かった移民の子供たちの感動的な姿が描かれていた。[7] その中の一人、ナイジェリアから移住してきたターゲット〔米国のディスカウント百貨店〕の元店員の子供は次のように語っている。「私の両親にとって、家族総出で母国を出るのは本当に大変なことでした……何度ひどい目にあっても、両親はいつも前向きでした。成功の秘訣は断固とした決意を持つことだと、いつも言い続けてくれました」。両親がソマリアから移住してきた十八歳の学生は、次のように説明する。「肝心なことは、移民としてここに来る人は、自分だけではなく子供たちの成功のチャンスもつかもうとしているということです……いつも心のどこかにそういう思いがありました」。最後に、ブルガリア出身の若い男性はこの言葉に共鳴する。「今の私があるのは、私がアメリカ合衆国に住んでいるのは、両親の大きな努力のおかげです……私はこの立場をうまく生かさなければなりません。両親が与えてくれた機会を使って、何かを成し遂げなければならないんです」。

こうした例外的で感動的なケースだけが、移民と移民二世との間の三割もの収入格差をもたらしたわけではない。いずれにせよ、もしこの統計が正しいのであれば、最近の移民の収入低下に対する懸念は見当違いということになる。数十年も経てば、彼らの子供たちの収入は平均的な労働者を上回るのだから。

ただ残念ながら、移民と移民二世との間の三割もの収入改善を示したこの統計は正しい根拠としては使えない。第五章でも指摘したように、切り取ったある年のデータを元に異なる移民グループを比較してしまうと、ある特定のグループが時間とともにどう変化するのかに関して、誤解を招く情報をもたらす可能性があるのだ。私はこうした方法的な問題をきっかけに移民の研究を始めたことから、異なる世代の比較に対してもすぐに同じ考え方をした。[8]

切り取ったある年のデータを元にした比較が正しくない主な理由は明らかだ。ある年の調査の中で身元が分かっている移民と移民二世の間には、家族的なつながりが極めて希薄なのだ。二〇〇〇年の調査を見ると、移民二世の平均年齢は四十二歳だ。ところがその調査における働いている移民一世のおよそ九割は、一九七〇年以降に移住してきている。つまり、彼らが三十歳以上の米国生まれの子供（移民二世）を持つことは不可能なのだ。二〇〇〇年の調査における移民一世はその調査における移民二世の親である可能性は低いため、彼らの間に家族的なつながりはないことになる。

理想を言えば、ある特定の親とその子供の年収を比較したい。ただ、公に入手できる国勢調査のデータでは、そうした理想的な比較はできない。その代わりに、研究者はまるで移民と移民二世を数十年にわたって追跡していることに等しい統計的近似手法を使う。

一例を挙げる。一九七〇年の国勢調査を見れば、その時点で移民の収入がどれくらいかが分かる。調査の中の移民のほとんどは、一九四〇年から一九七〇年の間に移住しており、おそらく二〇〇〇年の調査における移民二世の親に当たる世代だ。一九七〇年の移民の収入と数十年後の移民二世の収入を比較すれば、一九七〇年の移民の子供たちの収入がどれくらいその親の世代から改善したかを近似できる。

表6・1を見れば、移民の子供たちの収入の改善がかなり限定的であることを追跡調査が示していることが分かる。移民は一九七〇年には、平均的な労働者よりも一・五パーセント多く稼いでいた。

表6.1　移民を世代にまたがって追跡

年	第一世代の賃金の優位度（%）	30年後の第二世代の賃金の優位度（%）
1940	+8.2	+17.1
1970	+1.5	+9.0
2000	−20.8	?

Source: George J. Borjas, *Immigration Economics* (Cambridge, MA: Harvard University Press, 2014), 193.

一方、移民二世は二〇〇〇年に、平均的な労働者よりも九パーセント多く稼いでいる。つまり、移民二世が経験する収入の改善は、切り取ったある年の両グループを比較した調査が示唆する三十パーセントではなく、およそ八パーセントにすぎないのだ。

同様に一九四〇年の調査によれば、移民は平均的な労働者よりも八パーセント多く稼いだ。移民二世は一九七〇年に、平均的な労働者より十七パーセント多く稼いでいる。一九四〇年から一九七〇年にかけての移民の世代間の収入改善は、やはりおよそ九パーセントということになる。

入手可能なデータから将来を推定すると、現在の移民の子供たちの未来をそれほど楽観視できない。二〇〇〇年の調査によると、移民の収入は平均的な労働者を二割以上下回った。世代間でこれまでと同じような改善しか見られないのであれば、現在の移民の子供たちの収入は二〇三〇年には平均的な労働者を一割下回ることになる。この予測が正しければ、（これから数十年間で人口が大きく増える）移民二世の富の減少は、移民の議論における中心的テーマとなるだろう。

二　縮まらない民族間格差

親の世代と移民二世の間の収入増加の平均値だけを見ると、移民グループの間にある大きな格差が見えにくくなる。我々は移民の第一世代の間でも、大きな民族間格差があることを知っている。そうした格差の一部は当然、移民二世の世代まで引き継がれる。つまり、どの民族出身であるかが移民二世の経済的な成功を左右する要因になるのだ。例えば二〇一〇年のデータを見ると、親がカナダ出身の移民二世は、親がドミニカ共和国出身の移民二世よりもおよそ三割も収入が高い。

人種のるつぼがうまく機能していれば、移民二世の収入が親の世代よりも改善するだけではなく（移民の子供は親よりも平均収入が九パーセント高い）、民族グループ間の格差も縮まるはずだ。もし民族グループ間の格差が時間の経過にもかかわらず「固定」したままであれば、人種のるつぼの果たす機能に対して疑いの目が向けられるだろう。

民族の影響がどれくらい持続するのかに関する研究は長く行われてきたが、まだ完全な答えは出ていない。エリス島時代の移民の子孫を調べた多くの研究では、米国では異なる民族グループが比較的短い期間、おそらく二世代くらいの期間をかけて同化し、一般の米国人のようになると結論付けている。[9]ところが、移民が米国人のようになることが果たして望ましいのかというイデオロギー的な反論に加え、本当に人種のるつぼはそれほど効率的に機能しているのかという方法論に対する疑問も持ち上がった。

哲学的な議論になるが、人種のるつぼは「良い」という前提に異議を唱える見方がある。民族の違いが混じり合ってなくなるのではなく、文化の多元的共存が尊重され、民族の違いが称賛され、それぞれのグループが調和して生活する社会こそが理想ではないかという見方だ。一九一五年にはすでに、ホレイス・M・カレンが『国家』においてそうした多文化の理想郷を描いている。

そうした国は連邦共和国のようだ。あらゆる民族の民主主義により成り立ち、それぞれ生まれ持った個性に沿った人間形成の完成という自己実現のために、人々は自発的、自律的に協力する……米国は単なる地理的、行政的な個体の連合としてではなく、文化的多様性の協同として、様々な民族文化の連邦体として、連邦国家になる過程にあるのだ。(10)

こうしたイデオロギー的な反論だけではなく、ネイサン・グレイザーとダニエル・モイニハンが一九六三年に出版した『人種のるつぼを超えて』は、人種のるつぼの実効性に関して今日まで続いている議論が始まるきっかけとなった。同書は「人種のるつぼに関して重要なことは、実際には起きていないということだ。……移民の三世、四世すら標準的でほかと変わらない国民のようにはならない傾向にあり、そこにこそ米国のエートスが最もよく表れている」とはっきりと述べている。(11)

近年、同化の概念は再定義され、議論され、無数の社会学の研究の中で拡大してきた。同化には複数の形態があり、それぞれの移民グループにはそれぞれの同化の仕方があることが今では多くの人に理解されている。一例として、人種が異なる移民にとって、同化が何を意味するのかを考えてみてほしい。ジャマイカやハイチから来た移民の子供は、白人の社会経済の慣習に従うようになるのか、それともアフリカ系米国人の慣習に従うようになるのか？　そのどちらの道が、同化と考えられるだろうか？

図6.1　民族と移民の子供

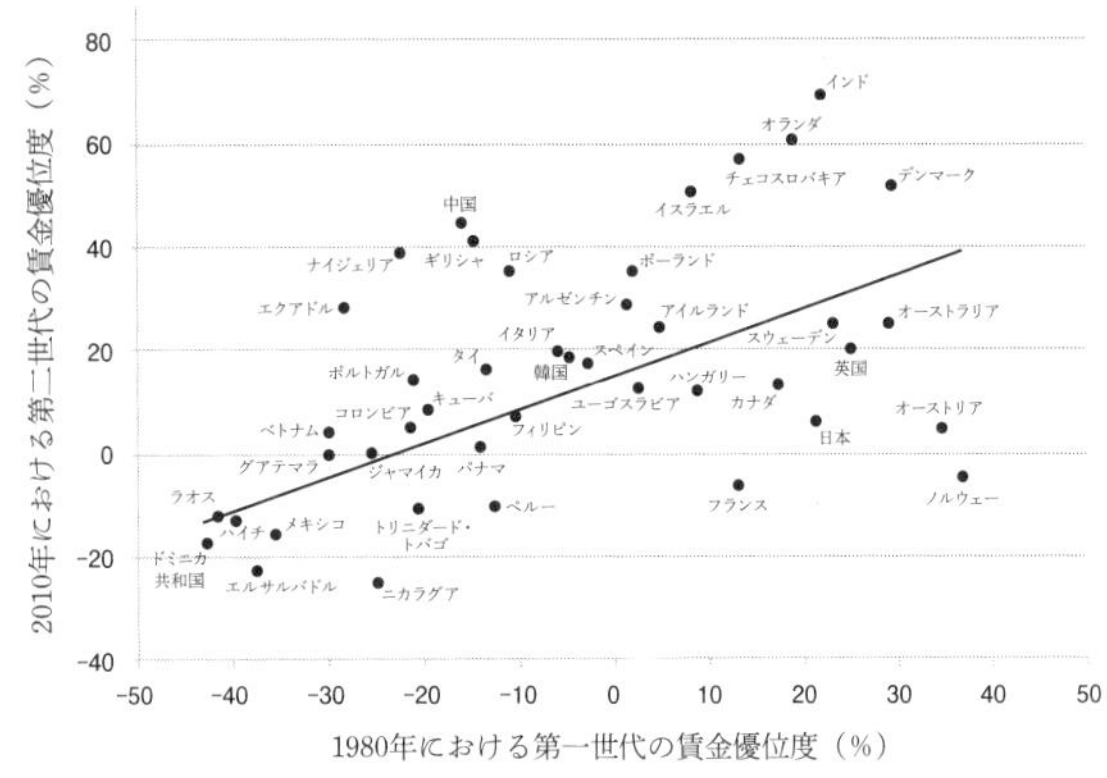

1980年の国勢調査と2010〜2013年の3月の人口動態調査を基に著者が計算。

これは答えのない議論であり、そんなささいな点にこだわるのではなく、もっと大きな観点からこの問題を見るべきだろう。ある特定の移民グループの収入を数世代にわたり追跡することで、少なくとも収入改善の観点から人種のるつぼの効果に関してわかることがあるだろうか？　例えば、一九八〇年の国勢調査を見れば、その年にカナダ出身の移民がいくら稼いだかが分かる。一方、二〇一〇年の国勢調査を見れば、その子供たちがいくら稼いだのかが分かる。ほかの民族グループにも同じ手法を踏襲することで、移民とその子供たちとの連関を表すあるパターンを観測できる。

図6・1によると、第一世代の収入が高い移民グループは、第二世代でも収入が高い。一方、第一世代で収入の低い移民グループは、第二世代でも収入が低いままだ。[*1] また、グループ間の収入格差は子供たちの世代では縮小する傾向にあることが分かる。例えば、ハイチ出身の移民とフィリピン出身の移民の間には約三割の収入格差があるが、その差は子供たちの世代では二割に縮小する。実際、二つの世代の連関を示す傾向線によると、移民グループ間の収入格差のおよそ六割は子供たちの世代にも引き継がれる。

第五章の冒頭では、サミュエル・ハンティントンがメキシコ人移民の統合を憂慮していると指摘した。これまで見てきたように、メキシコ人移民の生涯における経済的同化の程度は、彼らの教育水準と民族居住地区の大きさに基づいて予測できる程度と同じであることをデータは示していた。メキシコ人移民の世代間の変化も、統計的に見れば異常値ではない。彼らの子供の収入は、親の収入の低さから予想される程度の低さだ。つまり、一世代であれ複数の世代であれ、「メキシコ人であること」が同化のプロセスに影響を与えると示唆するものは何もないのだ。

図6.2　20世紀における人種のるつぼ

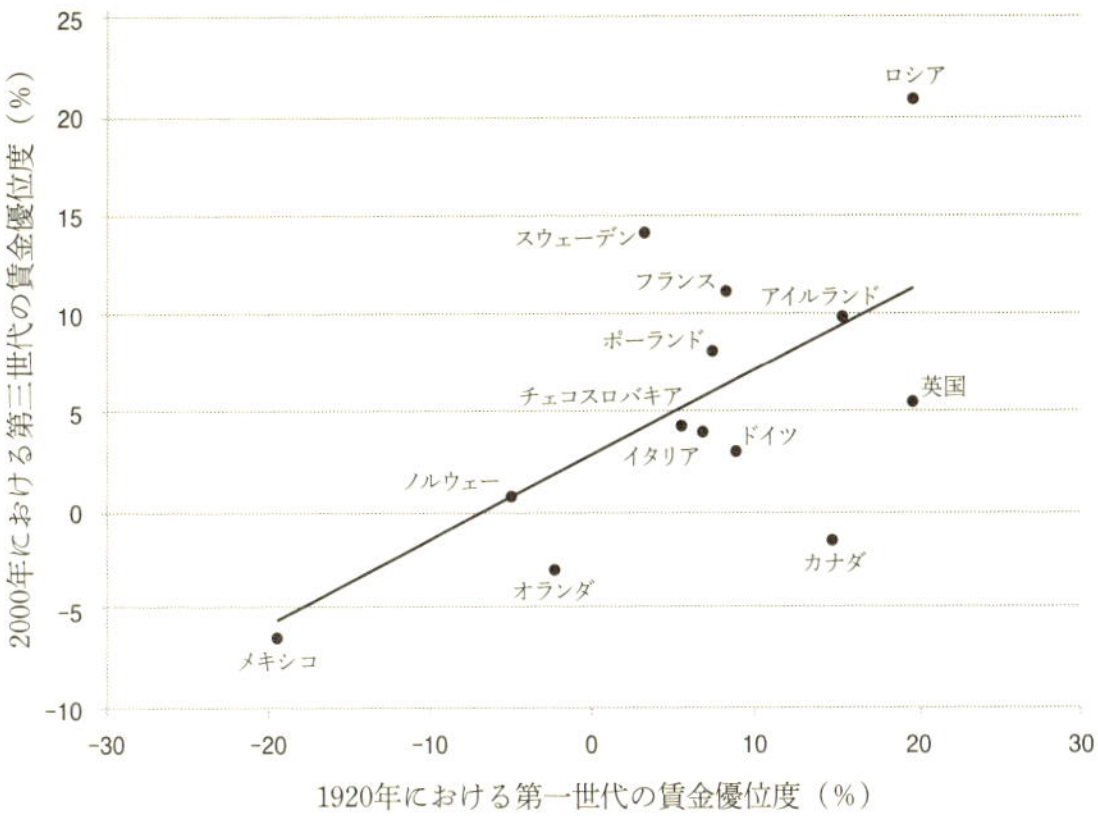

1910〜1920年の国勢調査と1972〜2010年の総合的社会調査を基に著者が計算。

　民族間の格差は縮まるものの、二世代という短い期間では人種のるつぼは明らかに役割を果たしていない。実際、二十世紀の初頭に移住してきた移民に関して言えば、彼らの世代で見られた民族間の格差は孫の世代まで続くことが分かっている。入手可能なデータを使って、大きな民族グループの移民の子孫をおおむね追跡できる。一九一〇年と一九二〇年の国勢調査には、第一世代の移民の職業が報告されている。そのため、第一世代の移民の稼ぐ能力の目安をつくることは難しくない。数十年後に行われた総合的社会調査（一九七二年から二〇一〇年まで）では、彼らの孫の世代の情報が分かる。

　図6・2は、一九二〇年に収入の高かった移民グ

ループは、八十年後の孫の世代の収入も高いことを示している。また第一世代と比べて、その孫の世代の民族間の収入格差は小さい。一九二〇年にはドイツ人移民とメキシコ人移民の間で三割の収入格差があったが、二〇〇〇年には孫の世代の収入格差は一割に縮んでいる。グラフの傾向線を見れば、移民グループの間の収入格差のうち孫の世代まで引き継がれるのはおよそ三分の一だけだと分かる。人種のるつぼは機能するが、すべての格差が解消されるまでにはおそらく百年もの期間がかかるのだ。

　ただこうした長期間に及ぶ追跡調査には、一つの大きな課題がある。移民の第一世代では出身国が明確に定義されている。国勢調査を見れば、正確にどの国でその移民が生まれたかが分かる。第二世代でも民族的なバックグラウンドは分かりやすく定義されている。国勢調査では、彼らの両親がどこで生まれたのかが正確に分かる。ところが第三世代になると、彼らがどこの民族に属するかがもはやあいまいになる。入手可能な調査では「あなたの祖父母はどこで生まれましたか」という質問はなく、「あなたの祖先はどこから来ましたか」という質問の答えから彼らの民族を割り出すしかない。ある人物の祖父母の実際の出生国を基準に我々が選ぶアイデンティティが、その人物が自称する民族名と異なることは大いにありうる。

　明らかにメキシコ人の家系を持つ人の中でも、社会の中でかなり成功している人は成功していない人に比べて、自分たちのことをメキシコ系と見なさない傾向にあることが立証されている。ブライアン・ダンカンとステファン・トレージョは一連の重要な研究の中で、こうした民族の自己認識の違いが移民の収入が世代を経ていかに改善したかを正確に測るのを非常に困難にすることを証明している[12]。

　特に自分のことを「メキシコ系」と呼ぶ人々の収入は、実際よりも改善していないように見える。というのも、メキシコ人移民の孫の世代で経済的に成功した人の中には、自分のことをメキシコ系ではないと申告する人がいるからだ。ほかの民族グループの相手と結婚するメキシコ系も多いため、孫の世代の多くは自分のことをヒスパニックではない白人と分類する。自分たちのことをヒスパニックと呼び続ける人は少ないが、メキシコ系は特にメキシコ人の家系であることを申告しない。

こうしたメキシコ人移民の子孫が「メキシコ系」と分類されれば、平均的なメキシコ人家系の収入は、追跡調査が示すよりも世代を経て改善していることがおそらく分かるだろう。民族の「自己申告」をめぐる問題は広く認められているものの、長期的な移民の同化の進捗を測る上でどのような影響を与えてきたかは分からない。

三　なぜ民族的な特徴は変わらないのか？

民族居住地区が大きい場合、移民は外の世界で有用なスキルを習得するインセンティブに乏しくなり、引退するまでの経済的同化が遅れることをこれまで見てきた。ただ重要なのは、民族居住地区の大きさだけではない。スキルのレベルも重要なのだ。民族居住地区は「民族資本」と呼ばれる社会資本を形成し、将来の世代の同化に影響を与える。[13]

民族資本がどのような役割を果たすのかは、容易に確認することができる。あるメキシコ人移民の子供たちと、ある韓国人移民の子供たちが置かれている状況を考えて見てほしい。いずれも両親は高卒で、彼らが住む民族居住地区は同じような規模だ。ところがメキシコ人の居住地区に住む人々の多くは、高校教育すら受けていない一方、韓国人の居住地区の住人の多くは、大学の学位を持っている。

長い時間を過ごす環境の違いが、子供たちの成長に影響を与えても不思議ではない。この仮説の中の子供たちは、異なった道を歩むことになるだろう。メキシコ人移民の子供は教育レベルの低い労働者ばかりの社会的、経済的な付き合いの中で揉まれ、韓国人移民の子供は大卒の人ばかりの付き合いの中で揉まれる。民族居住地区の環境は磁石のような働きをし、子供はそのグループの平均に近づくように成長する。その結果、世代が変わっても、ある民族の経済的な成功のレベルは変わらないままなのだ。実際、ある民族グループの平均的なスキルは、その子供や孫の成長にも影響を与えることが立証されている。低技能グループの人々は子供たちの成長の足を引っ張り、高技能グループの人々は子供たちの成長を助長する。

スウェーデンで行われた自然実験により、移民が集まる民族居住地区のスキルのレベルが、その子供たちの経済的な成功に影響を与えることが確認された。一九八五年から一九九四年にかけて、スウェーデン政府は新しく受け入れた難民を昔からの移民の入国場所であるストックホルムやマルメに定住させるのではなく、多くの都市に無作為に振り分けた。[14]偶然にも、同胞の仲間のスキルが高い地区に住むようになる難民が出てきた。そして教育レベルの高い同胞が多い地区に住むようになった子供たちは、学校でも成績が良いという結果が出た。

最後に、ある有名な社会学の研究では、米国に移住した多くのメキシコ人家族を四世代にわたり追跡し、民族居住地区の環境が彼らの特徴を後の世代まで残していく興味深いプロセスをまとめている。[15]大きな民族居住地区に住むということは、同じ民族的バックグラウンドを持った潜在的な結婚相手の数が多いことを意味しており、ほかの民族の相手と結婚する可能性は低くなる。

どの民族の出身であるかの影響は大きく、民族的な環境が移民の子供たちの収入の改善にも影響を与える。こうした事実を考えると、移民を単なる労働者ととらえる見方には問題が出てくる。もし移民が単純な労働投入の集まり、つまり新たな労働力が必要になったときにそのニーズを満たすだけの存在であれば、民族性など考える必要もないはずだ。ところが工場の出口を一歩外に出れば、そこには民族居住地区と呼ばれる社会的、文化的、経済的、政治的な集まりが存在する。移民はそうした地区に集まり、彼らを取り巻く環境は同化の決断に影響を与える。そのため、民族的なルーツとつながりを持つ現実の生身の人間の移住は、必ず受け入れ国の経済や文化に影響を与え、その影響は数十年も持続するかもしれないのだ。

四　未来の道標としての過去――予測は可能か？

人種のるつぼの歴史を見た人の中には、現在の外国生まれの人の多くが社会の底辺にいつまでもとどまり、何世代にもわたって経済的、社会的に貧しい人生を歩むことを不安に思う人がいる。またそうした人の中には、人種のるつぼが生み出す「同化の大きな渦」が格差を縮めてくれるだろうと思う人もいる。

その双方の考え方がおそらく間違っている。同化のプロセスは移民の家族が下す決断に左右され、彼らはある特定の制約、制度、環境の中で、最も自分たちに利益のある道を選んでいるにすぎない。同化は移民の選択である。そのため、一世紀にわたるエリス島の時代に移り住んできた移民の統合は、ある特有の環境の中で起きた現象だと認めざるをえない。さらにそうした特有の環境で起きた現象が、ほかの場所で再現されるのかどうか（また、されるべきなのかどうか）は全く分からない。当時がいかに特別な環境であったのかを指摘すれば、過去の経験を未来を予測する道標として使うことの危うさが容易に分かる。

まず最も明らかなのは、二十世紀初頭に移住してきた移民が置かれた経済条件は、今日の移民とは大きく異なる。二十世紀初頭の移民の多くは、成長が著しい製造業界で仕事を得ていた。こうした仕事は給料も上がり、労働組合も強くなる中で、移民とその家族の収入と経済的な立場を守る民間のセーフティネットの役割を果たした。つまり、多くの移民の家族にとっては、製造業での仕事が中間層へのまさに入り口の役割を果たしたのだ。現在、低技能労働者を雇っている業種は、(低技能労働者にますます不利になる労働市場の中では)組合に守られた当時の製造業の仕事が提供したようなセーフティネットを提供していない。これは誰の目にも明らかだ。

第二に、一九二〇年以前に移住してきた大きな移民グループの中には、二度の世界大戦による政治情勢の大きな変動を背景に同化を「後押しされた」人々がいる。ハーバード・エンサイクロペディア・オブ・アメリカン・エスニック・グループには次のように書かれている。「一九一八年の夏までには、米国のおよそ半分の州でドイツ語の教育が制限、もしくは廃止され、公共の場でドイツ語を話す自由を禁じた州もあった」。また同様に、「一九三〇年代にはイタリア系米国人コミュニティの中で、ムッソリーニのファシズムの忠実な支持者と拡大する反対者の間の争いがあった。新聞やラジオ、イタリア系組織の会議の中で激しい論争があり、路上での争いもときには見られた」[16]。特定のグループに対する社会の態度や寛容さの急な変化が、同化に無視できない影響を与えたのかどうかを調べるのは興味深い。ただこれまでのところ、この潜在的な関連性を細かく調べた研究はなされていない。

第三に、米国における社会保障制度の急速な拡充はおそらく、どういった人々が米国への移住を選ぶのかに大きな影響を与え、どういった移民が米国にとどまる道を選ぶのかにも大きな影響を与えた。移住と滞在のインセンティブが変わったことで、移民人口を構成する人のタイプもおそらく確実に変わった。社会保障制度の充実は多くの移民を助ける。そうした制度を通じて、幼児教育や栄養のある食生活、良質な医療サービスを享受できるようになり、移民の収入や暮らしが改善する。あいにく社会保障制度と長期的な同化の直接的な関連性も、今のところ研究されていない。

最後に、二十世紀のほとんどの期間で移民に同化を促す方向で作用したと考えられているイデオロギーの風潮が、今では影を潜めてしまった。E Pluribus Unum（多数から一つへ）というスローガンの背後にあるコンセンサスは、すっかり過去のものとなったのだ。

カリフォルニア大学で最近、教授と職員に送られた指示文書は、この国がずいぶんと変わってしまったことを裏付けている。(17) この文書では、学生やほかの大学関係者に対する「自覚なき差別」につながる発言を避けるように忠告しているのだ。自覚なき差別とは、「意図的であろうがなかろうが、少数派に属するというだけの理由で、敵意があり、軽蔑的で、否定的なメッセージを相手に伝えるような日々の言葉や態度、雰囲気による軽蔑、冷たい態度、侮辱など」と定義される。

「アメリカは人種のるつぼ」だという言葉も、自覚なき差別の明確な一例として挙げられていた。同大学の指示文書によると、そうした言葉は受取手に対して「支配的な文化に同化」しなければならないというメッセージを送るというのだ。こうした人種のるつぼをめぐるイデオロギーの急激な変化が、新しい移民の統合にどういった影響を与えるのかを見るのも非常に興味深いだろう。

誰が何を言おうが、水晶玉でもなければ今日の移民が長期的にどうなるのかについては、推測する以外にできることはほとんどないだろう。ただはっきりと言えることは、過去の経験は今後数十年を見通す上ではほとんど役に立たず、それを根拠にばら色の未来や迫り来る大惨事を予測すべきではない。覚えておくべき教訓は、その帰結が移民の利益となるときに、人種のるつぼは最もうまく機能するということだ。

＊1　図6・1と図6・2における移民と米国人の年齢を調整した収入の差は、学校に通っていない二十五歳から

六十四歳までの働いている男性を標本として算出している。数が多い移民グループについては、こうした情報が報告されている。

第七章　労働市場への影響

移民は米国人がやりたがらない仕事をやる。リバタリアンのケイトー研究所は次のように言う。「技能の低い移民は賃金が安く、地位も低く、十分な数の米国人が就きたがらない仕事を求める」。また、革新的な政策研究所であるアメリカ進歩センターは次のように述べている。「移民と米国生まれの労働者とは競合しない。持っているスキルが異なり、最終的には異なる仕事に就くからだ」。労働組合すら同じ考えを持っている。全米州・郡・市職員連盟は次のように主張している。「移民がやる仕事は、必ずしも失業中の米国人労働者がやりたがる仕事ではない」。実際、米国人はある種の仕事を全くやりたがらないため、カリフォルニア州は失業中の米国人の失業保険の申請を処理するオペレーティングシステムを設計するのに、外国生まれの人を臨時労働者として雇う〔という矛盾が生じている〕(1)。

科学的にはすでに解決している。移民は米国人がやらない仕事をやるため、米国人の雇用機会にほとんど影響はないのだ。移民をめぐる議論に興味のある人なら、書類不所持労働者に恩赦を与えたり、多くのカテゴリーで発行するビザを大幅に増やすような様々な案が政治家の間で検討される中で、この言葉を過去十年の間にますます頻繁に耳にするようになったことに気付いているはずだ。ただそこには、見落とされがちな不都合な事実がいくつかある。

ブッシュ政権が二〇〇六年九月に実施した政策の一環として、移民局の職員はジョージア州スティルモアにある鶏肉加工工場の家宅捜索を行った。ほかの多くの地方コミュニティと同じように、同市に移住する外国人は増え続けており、その中には多くの書類不所持移民も含まれていた。ウォール・ストリート・ジャーナルはその家宅捜索の数カ月後に記者のチームを派遣し、その後に何が起きたのかを調べた。記者チームはその取材で、労働市場がいかにサプライショックに反応したかを雄弁に物語る証拠を入手した。

レイバー・デー〔九月の第一月曜日〕の週末に実施された連邦移民局の職員による家宅捜索の後、クライダーという地元の鶏肉加工会社は、ヒスパニックが中心だった九百人の従業員のうちの七十五パーセントを失った。政府の取り締まりを受けて、この衰退する田舎町を支える経済の屋台骨だった会社は存続が脅かされたのだ。ところが地元のアフリカ系米国人にとっては、連邦職員の西部劇のような登場によって予想もしないチャンスが訪れた。クライダーは急に工場の賃金を引き上げたのだ。週刊新聞のフォレスト・ブレイドの広告欄には、「クライダーで賃金アップ、時給七〜九ドルから」の文字が踊った。同社が多くの移民労働者に払っていた時給よりも、一ドル以上も高い額だった。(2)

図7・1が示すように、この広告は経済学者が作り上げたどんな精巧な数式モデルよりも、はるかに分かりやすく供給と需要の法則を司る当たり前の論理を表している。十八世紀のイングランドの作家、サミュエル・ジョンソンの有名な言葉にあるように、「二週間後に絞首刑にされると分かったとき、人間の集中力は研ぎ澄まされる」のだ。(3)工場の操業が停止し、巨額の損失を被るリスクに直面したとき、クライダーは利益最大化を図る企業であれば必ずやる行動に出た。賃金を上げて、より多くの労

働者を集めようとしたのだ。

クライダーが代わりに雇った労働者の多くは、アフリカ系米国人だった。クライダーの立場からしてみれば、従業員の構成員の変化は良いことばかりではなかった。

> クライダーが数百人のアフリカ系米国人を雇い始めてから数カ月経つと、……彼らの離職率の高さ、生産性の低さ、新規雇用者と労働契約者との賃金闘争という問題を工場は抱えるようになった。最低賃金でも悲惨な労働条件を喜んで受け入れる従順なラテンアメリカ人労働者を頼りにするのは、クライダーにとってはどうしても手放せない習慣になっていたことが分かった。代わりに働くようになった地元の米国生まれの労働者は、彼らよりも労働条件に対して不満を言い、適正な賃金水準と仕事場での権利だと信じるものを積極的に主張するのだから。(4)

図7.1　労働供給の減少に対する企業の対応

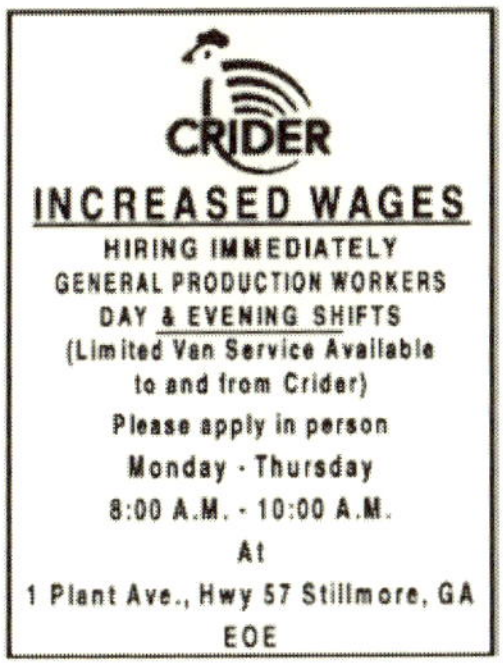

Source: *Forest-Blade*, Swainsboro, GA; September 2006.

ケイトー研究所やアメリカ進歩センターには理解できなかったものの、クライダーには必要な場面ですぐに理解できた教訓とは何か？　移民は米国人がやりたがらない仕事をやるのではない。移民は米国人が現行の賃金ではやりたがらない仕事をやるのだ。

こうした不都合な例は、ほかにもすぐに挙げることができる。人口の三分の一が外国生まれであるニューヨークでタクシーに乗った人なら誰でも、ほとんどの米国人はもはやタクシーを運転したがらないことに気付く。一九七〇年にはニューヨークのタクシー運転手の八十八パーセントは米国人だった。ところが二〇一〇年には、その八十四パーセントが移民だった。タクシー運転手はもはや、米国人がやりたがらない仕事に成り下がったようだ。スティルモアで起きたように、この変化が多くのアフリカ系米国人に影響を与えた。一九七〇年にはニューヨークのタクシー運転手のおよそ二割が黒人だったが、二〇一〇年にはその割合が六パーセントまで減少した。

米国人は今では本当に、タクシー運転手をやらなくなったのか？　移民の影響が限られている都市を見てみよう。ニューヨークから百マイル南に下ったフィラデルフィアでは、外国生まれは人口のたった十パーセントだ。その街では今でも、米国人がタクシー運転手の七十三パーセントを占めている。そのうち三分の一はアフリカ系米国人だ。ニューヨークのタクシーの運賃は安いかもしれない。ただ、今でも米国人はタクシーを運転しているのだ。

ある仕事を喜んで行うかどうか。この決断を左右する賃金水準が誰にでもある。書類不所持移民として働いていたスティルモアの「あの従順なラテンアメリカ人労働者たち」は、その賃金の水準がかなり低かったのかもしれない。彼らはより安い賃金で、より多くのことを喜んでやる。

実際のところ、市場は移民の存在にも不在にも反応する。どういった反応をするかは当たり前の論理から分かることであり、クライダーも実行したことだ。つまり、企業は過剰労働力があるときには賃金を引き下げ、労働力が必要なときには賃金を引き上げる。

では、移民が労働市場に与える影響とはどういったものなのか？　当たり前の論理から分かる供給と需要の法則は、現実世界の労働市場でも観測できるのか？

これまで発表された多くの論文が、この疑問に取り組んでいる。移民は米国人の賃金にほとんど影響を与えないと主張する研究者がいれば、その影響は大きいと主張する研究者もいる。そうした結論を得るために研究者が実際に何を行ったのかを見れば、意見の違いの中身がはっきりするだろう。そこから学べることは非常に多い。労働市場への影響についてすでに知っていると思い込んでいることのほとんどは、前提条件に左右されている。驚かれるかもしれないが、数値的な答えすらデータが実際に何を表しているのかを無視した、根拠のない思い込みだというケースもあるのだ。データだけに基づいた最も信頼性の高い証拠によると、ある技能を持つグループの労働者の数が一割増えると、そのグループの賃金は少なくとも三パーセント下がるという。

一　ヘリコプターの寓話

ある寓話の紹介から始めよう。その寓話では移民が労働市場に与える影響について、経済学者がどのような考え方をしているのかを表している。移民が現実世界の労働市場に与える影響を経済学者がどのように推測しているかを教えてくれるという点で価値のあるお話だ。また、経済学者がはじき出した概算を信じるには、どういった前提条件が必要になるのかを明らかにしてくれる。

我々が寝静まったあと、米国の上空を巨大なヘリコプターが旋回する。ヘリコプターは超高速で飛行しており、ナノセカンド〔十億分の一秒〕でものすごい距離を移動する。また、その飛行は無計画だ。ほとんどランダムに、右に曲がり、左に曲がり、停止し、ホバリングする。そしてヘリコプターが上空で停止したとき、サイドドアが開き、無作為の数の人が（少ないときもあれば、多いときもある）パラシュートで夜の闇に飛び降りる。彼らは移民で、自分たちの新たな家に向かっているのだ。日の出までにはヘリコプターは仕事を終えている。無作為に選ばれた移民は、この大きな国のいたるところに無作為に運ばれて、ヘリコプターは空の彼方に消えていくのだ。

　我々はこの国で生まれ育った米国人だ。朝起きると、街が変わっていることに気付く。前日の夜にベッドに入る前は、街には百万人の労働者がいた。今では百十万人の労働者がいる。十パーセントのサプライショックだ。雇用主である企業や我々が、前日よりも多くの労働者が仕事を探していることを知ったら、いったい何が起きるだろうか？

　我々が目を覚ましたその朝、誰も具体的な行動を取る暇がないその朝に何が起きるかをまず考えてみよう。もちろんその朝の変化を見ただけで、移民がもたらす影響のすべてが分かるわけではない。例えば、米国人労働者は最終的にはヘリコプターが立ち寄らなかった都市に引っ越すかもしれない。また、移民と自分とを差別化する資格を取ろうとするかもしれない。雇用者は新たに湧き出てきた労働者を利用するために、オフィスや工場を拡大するかもしれない。ただ今の段階ではそうした変化は脇に置いておいて、移民がヘリコプターから飛び降りた直後の短期間の変化に焦点を当ててみよう。

　この短期間で何が起こるかは、移民がどのようなタイプの労働者で、米国人労働者と異なるのかどうかに左右される部分が大きい。我々が住む街は、全員がある商品の製造に従事するどこにでもある街の一つだ。我々はその商品を作り、隣人もその商品を作り、街のすべての工場でその商品が製造される。そして今、十万人の新たな労働者が加わった。彼らもその商品を作るのだろうか？　移民は労働者としての我々自身のクローン（コピー生物）なのか？

　ここでは、移民は我々のクローンであると仮定しよう。経済学者風に言えば、移民と米国人は「完全代替財」だ。[*1] その上で常識的に考えれば、何が起きるだろうか？

　ある商品を作るこの街には、今まで以上にその商品の製造に従事する労働者がいることになる。その労働者全員が工場に現れたら、経営者は今までより多くの労働者が組み立てラインに並ぼうとしていることに気付くだろう。短期的には、経営者は新たな労働者を既存の組み立てラインに無理やり押し込んで、今までより多くの商品を作ろうとする。移民も消費者であることから、それまでより製造量が増えた商品の一部を買うようになるだろう。ところが儲けることを常に考えている経営者は、余っている労働者を見て、賃金を下げてもいいことに気付く。つまり短期的には、移民は移民のクローンにすぎない米国人労働者の賃金を引き下げるのだ。

もちろん、これは単に供給と需要の法則を言い換えているにすぎない。仮に石油の供給が増えれば、ガスの価格は下がる。労働者の供給が増えれば、労働者の価格、つまり雇用者が払う賃金は下がる。石油の供給とガスの価格の明らかな関係に異議を唱える人はほとんどいない。ところが政治的な意味合いも持つため、移民の文脈で同じ考えを述べると異議を唱える人がたくさん出てくる。

ただこの寓話のように米国人の賃金が下落するには、あらかじめ多くの前提条件がある。最も重要な前提条件は、米国人と移民がクローンだということだ。ところが、これは必ずしも事実ではない。移民が持つスキルは商品を作るのに適さないかもしれない。一方で芝生を刈ったり、子供の世話を手伝うのに適したスキルかもしれない。そうなると何が起きるのか?

ヘリコプターから移民が飛び降りる前までは、我々は自分で芝生を刈り、子供の世話をした。ところが今では移民がその仕事を代わりにやってくれ、我々は自分が一番得意なこと、つまり商品の製造に集中できる。米国人と移民は生産要素としては「補完財」なのだ。移民がヘリコプターから降りてきてくれたことで、我々はそれまで以上の時間をかけて、いかにして質の高い商品を早く作るか考え抜くことができる。我々はより生産的になり、雇用者にとって価値のある存在になるのだ。

我々が工場に出勤したときに、雇用者は我々がこれまでよりもリフレッシュし、生産効率を上げるアイデアを思いついていることに気付く。彼らは我々が思いついた新サービスを使いたいと持ちかけ、その過程で賃金を上げてくれる。このように、我々の生産性の改善はしかるべき報酬を受けることになる。つまり、移民と米国人が補完財であれば、移民は米国人の賃金を引き上げることになるのだ。

もちろん、現実世界のサプライショックでは移民の代替財である米国人がいれば、補完財である米国人もいる。例えば、低技能移民のサプライショックは米国人の低技能労働者にとってはおそらく代替財ではあるが、高技能労働者にとってはおそらく補完財だろう。供給と需要の法則に従えば、短期的には低技能の米国人労働者の賃金は下がり、高技能の米国人労働者の賃金は上がることになる。

二　マリエリトズ

ヘリコプターの寓話に倣えば、移民が賃金にどのような影響を与えるかを観測するには、ほかの地域でも何が起きるかを見る必要がある。仮に米国人と移民が代替財であれば、多くの移民を受け入れる都市の賃金がほとんど移民を受け入れない都市との相対比較で下がる。一方、仮に両者が補完財であれば、多くの移民を受け入れる都市で賃金が上昇するだろう。

この手法は多くの研究者が取っているアプローチだ。この分野の模範的な研究が、デイヴィッド・カードによる分析だ。彼はマリエル〔キューバの都市〕から船で送られてきたキューバ人移民の影響により、マイアミで何が起きたかを調べた。(5) このケースでは、マイアミの上空をランダムにホバリングして多くの移民を降ろしたのはヘリコプターではなく、親族を米国に移住させたがっていたキューバ系アメリカ人が運営する船舶組織だ。

フィデル・カストロは一九八〇年四月二十日、米国に移住したいキューバ人はマリエルの港から船で出国できると宣告した。最初のマリエリトズ〔マリエルから出国したキューバ人〕は、四月二十三日にマイアミに到着した。十万人を超えるキューバ人が六月三日までに移住し、マイアミの労働力人口はおよそ八パーセント増えた。こうした出来事の前後でマイアミの労働市場にどのような変化が現れたのかを見れば、キューバ人移民の影響を観測できる。

図7.2　マリエルと白人労働者の収入

対照群の都市はアトランタ、ヒューストン、ロサンゼルス、
タンパからセントピーターズバーグの地域

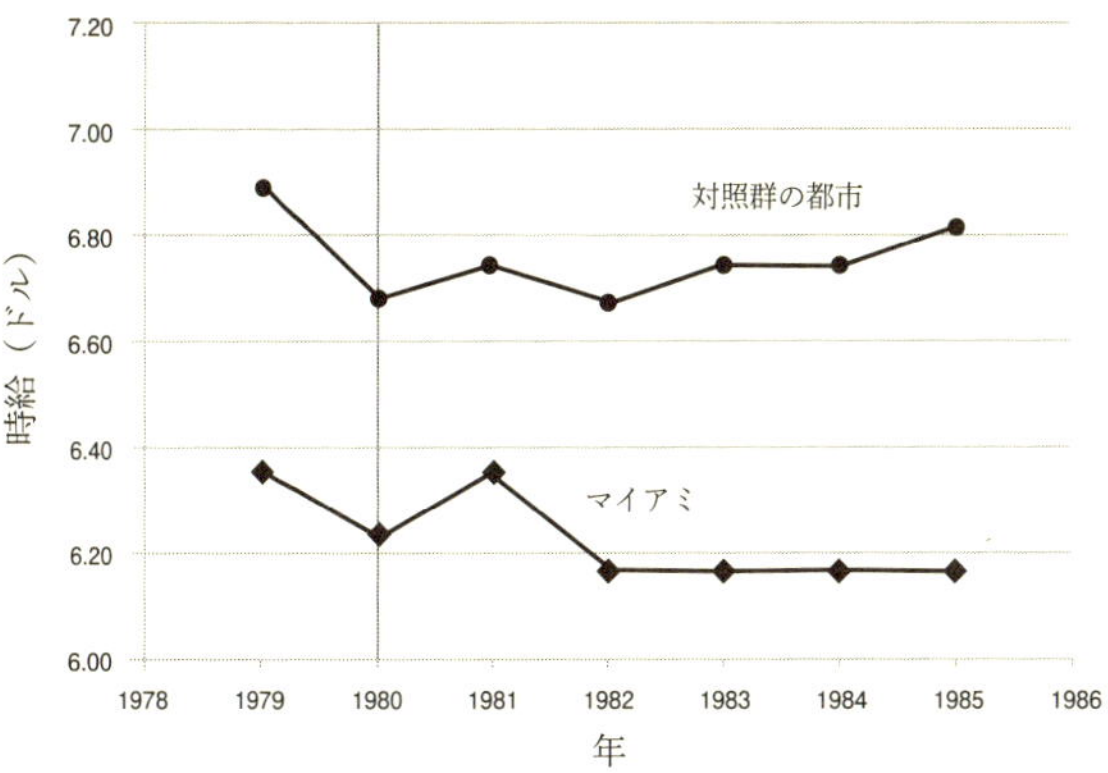

Source: Adapted from David Card, “The Impact of the Mariel Boatlift on the Miami Labor Market,” *Industrial and Labor Relations Review* 43 (1990): 250.

図7・2はマイアミの白人労働者の時給（インフレ調整済み）の推移を示している。マリエルから移民が来る前年の一九七九年には、一般的な労働者は時給で六・四ドル稼いでいた。彼らが移住した翌年の一九八一年にも時給は変わらなかった。一九八二年には六・二ドルまでわずかだけ下がり、一九八五年までその水準で横ばいだった。

もちろん、レーガン政権の初期に当たるその時期にほかの都市で起きた変化と相対比較しなければ、マイアミの賃金動向を正しく解釈することはできない。別の言い方をすれば、キューバ人の移住で影響を受けていない都市である「対照群」で起きたことを調べる必要があるのだ。例えば、ほかの都市では賃金が急上昇しており、マイアミの労働者だけがマリエルからの移民のせいで取り残されたという可能性は十分

にありえる。対照群は医療実験のプラシーボのようなものだ。理由についてはあとで説明するが、カードはアトランタ、ヒューストン、ロサンゼルス、タンパからセントピーターズバーグの地域を対照群として選んだ。

これらの対照群の都市の賃金は一九八二年以降にわずかに上昇したが、マイアミの労働者の相対的な賃金はそれほど悪いとは言えない。一九七九年には、マイアミの一般的な労働者は対照群の労働者より時給が五十セント低かった。一九八五年にはその差は六十セントに広がったが、十セントというわずかな違いでしかない。週給に換算しても、たった四ドルだ。カードが次のように結論づけても不思議ではないだろう。「マイアミの労働市場におけるキューバ人以外の労働者の賃金分布は、一九七九年から一九八五年にかけて驚くほど安定していた……このデータから言えるのは、マリエルからの移民の流入が米国人の賃金にマイナスの影響を与えたことを示す証拠はほとんどないということだ」[6]。

マリエルの研究は直感的に分かりやすくシンプルだったことから、移民は「我々全員にとっていい」という通説を確立する上で、極めて重要な役割を果たした。最近でも二〇一四年にオバマ大統領の経済諮問委員会が数百万人に及ぶ書類不所持移民に恩赦を与える大統領令を正当化するレポートを書き、オバマが任命した経済学者たちはそこでマリエルの論文を吹聴した。

〔同論文は〕低技能労働者の大規模な移住（一九八〇年に十二万五千人のキューバ人移民がマリエルから船に乗って入国し、マイアミの労働力人口が七パーセント増えた）による、国全体の米国人の雇用機会への影響を調べた。すると、キューバ人以外の低技能労働者の雇用機会への影響は見られなかった……マリエルからのキューバ人の移住の後に、彼らの平均賃金は〇・六パーセント上がったのだ[7]。

マリエルの研究は最も良く知られているが、ほかの多くの研究者も移民のほとんどいない都市と移民の多い都市を比較してきた。研究の報告内容には大きな違いがあるものの、その中の証拠はある単純な結論をおおむね裏付けるもののようだ。ヘリコプターが多くの移民を降ろした都市では賃金は下がるが、その効果は限定的だというのだ。

ヘリコプターの寓話は、こうした非実証的な研究から導かれた結論を信頼するのは愚かだと提起している。現実世界のヘリコプターはサンディエゴでは多くの移民を降ろして、フィラデルフィアではほとんど降ろさないなど、無計画に移動しているわけではない。移民をどこで降ろすかは無作為ではないのだ。移民は労働市場が冷え切っている都市ではなく、賃金の高い都市を選んで住むようになる。こうした都市の選択が賃金上昇と移民増加の間の疑似相関〔実際は見えない第三の要因が賃金上昇と移民増加を起こしている状況〕を作り出す。そうすると、移民が競合相手となる米国人労働者の賃金を引き下げたのかどうかが見えにくくなるのだ。

それに加えて、「米国人もサプライショックに対応する。例えば、移民が賃金を引き下げたと感じると、サンディエゴの米国人の多くはヘリコプターが迂回した都市に荷物をまとめて引っ越すだろう。そうすると、サンディエゴでの賃金下方圧力は弱まるが、ほかの都市では強まる。同様に、雇用する側も移民で一儲けできそうな都市に引っ越すかもしれない。観測期間が長くなるにつれてこうしたリアクションは必ず起こり、移民の影響は米国全体に波及することになる。

三　移民とスキル

移民研究者がこしらえた完全な世界では、マリエルのような無作為のサプライショックは頻繁に起こる。そうであれば、我々はマリエルのような自然実験を使って移民の影響を受けた地域と影響を受けていないプラシーボ（対照群）を比較することで、移民の影響を観測できるかもしれない。ところが現実の世界ではそうした出来事はまれで、影響を観測するためのほかの手段を見つけるのに四苦八苦することになる。実際、私は一九九〇年代のほとんどの時間を、ハーバード大学の同僚であるリチャード・フリーマンとローレンス・カッツの協力を頻繁に仰ぎながら、この問題の克服に費やした。(8) 一九九〇年代の終盤には、その問題の解決には移民と米国人は労働市場に異なるスキルを持ち込むという事実を考慮に入れる必要があることが分かった。

ヘリコプターが移民を降ろした朝、確かなことが一つだけあった。前日よりも多くの労働者がいるということだ。教育レベルの高い労働者がいれば、ほとんど教育を受けていない労働者もいる。若い労働者がいれば、若くない労働者もいる。

米国人にとって、ほかに新たなスキルを獲得することで労働者の増加に対応するのは決して容易ではない。二十歳の米国人は、若い移民との競争を回避するために急に四十五歳にはなれない。教育レベルの低い米国人は、一夜のうちに大学の学位が取れるわけではない。大学を卒業した人も、何かの魔法を使って博士号取得者になれるわけではない。こうした変化が難しいということは、米国人はある特定の技能グループにとどまるしかなく、移民の増加に対応する余地がほとんどないということだ。

私は移民の教育レベルや年齢の傾向を詳しく調べ始めた。すると、移民の流入で数が急増するグループがある一方、ほとんど数の変わらないグループがあることに気付いた。そして移民の影響を測るには、これまでとは違うやり方が必要ではないかと思うようになったのだ。そのやり方とは、移民増加の前と後で個々の技能グループの賃金がどのように変化したのかを調べるというものだ。そうすれば、移民のタイプ〔技能レベルや年齢〕が賃金の変化と関連があるのかが分かる。つまり、教育レベルや年齢を基に分類したグループの賃金の変化が、移住してきた移民の教育レベルや年齢に左右されるのかを調べたくなったのだ。

私は二〇〇三年に発表した論文でまさにこの研究アプローチを提案した。[9] その論文の発表により、移民経済学の学会に激震が走った。なぜなら、移民の流入についても供給と需要の法則が成り立つことを示す信頼性の高い証拠を初めて提示したからだ。[10] つまり、最も多くの移民を受け入れた技能グループの賃金が最も伸び悩んだのだ。

教育レベルと年齢を基準に、労働者を技能グループに分類したとしよう。教育レベルでは五つの分類を設ける。高校中退、高卒、大学中退、大卒、大学院卒もしくは中退の五つだ。年齢でも分類する。なぜなら、若い労働者は年配の労働者のクローンではないからだ。年齢については、就労年数により八つの分類に分ける。一～五年、六～十年、十一～十五年などだ。その上で、各労働者を四十の技能グループ（五つの教育区分に八つの年齢区分を乗じたもの）のどれかに振り分ける。

こうすると、それぞれの技能グループの収入の伸びが移民のタイプとどう関連するのかが容易に分かる。一九六〇年から二〇一〇年にかけて十年ごとの国勢調査を見れば、各グループの米国人労働者の年収の伸びの平均値を算出できる。図7・3によると、移民の影響が最も小さい技能グループの収入の伸びが最も大きく、移民の影響が最も大きいグループの収入の伸びが最も小さい。グラフの傾向線を見ると、移民の流入でグループの規模が十パーセント増えれば、そのグループの米国人の収入は三～四パーセント下がることが示されている。

マリエルからの移民による自然実験で得た証拠と図7・3で示した賃金と移民との長期的な関連は明らかに矛盾する。もし移民が米国人の収入に影響を与えるのであれば、一九八〇年代初頭のマイアミでも必ずその影響が見られたはずだ。そのため私は本書を執筆している間、マリエルからの移民の

図7.3　米国人と移民の収入

技能グループの平均収入は学校に通っていない18〜64歳の米国人男性を標本として算出している。移民の割合は技能グループにおける外国生まれの人の割合。10年間のその他の影響は調整している。

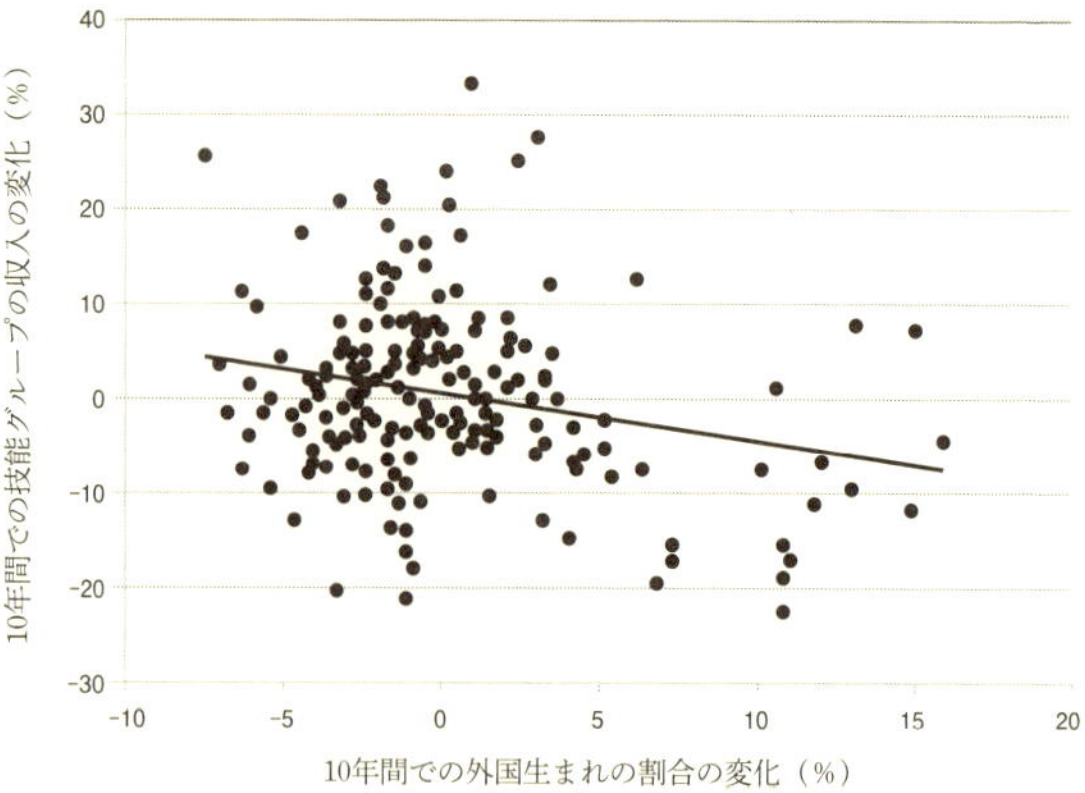

1960〜2000年の10年ごとの国勢調査と2008〜2012年の全米コミュニティ調査を基に著者が計算。

影響についてもう一度調べてみることにした。驚くべきことに、公表されているデータを調べ始めてから一時間も経たずに、私のパソコンのスクリーンには二十五年前に発表されたマリエルの論文が明らかに間違っていることを示す有力な証拠が映し出された。実際には、マリエルからの移民はマイアミの低技能労働者の賃金を大きく引き下げていたのだ[11]。

私が二〇〇三年の論文で力説した単純なアイデアが、マリエルの謎を解く鍵だった。つまり、スキルは無視できないということだ。つまり、マリエルからの移民のおよそ三分の二は高校中退だったことから、マイアミ地域の高校中退者の数は数週間でなんと十八パーセントも増えたのだ。つまり、高校中退者の収入がどう変化したのか、そこからまず確認する必要があるということだ。意外なことに、カードの論文や彼の分析を応用したほかの論文でも、そうした細部の比較はなされていなかった。

図7・4が示すように、マリエルからの移民の影響を最も受けたと見られる労働者の収入は一九八〇年以降に急落し、完全に元の水準に戻るまでに十年を要した。収入の落ち込みはかなり大き

かった。マイアミにおける（インフレ調整後の）高校中退者の週給は、一九七九年から一九八五年にかけて百ドルも落ち込んだ。その間、カードが選出した対照群の都市での高校中退者の週給の落ち込みはたった五十ドルだった。

図7.4　マリエリトスによる影響

平均週給は高卒の資格を持たない25〜59歳のヒスパニックではない男性を標本として算出した。カードの対照群の都市はアトランタ、ヒューストン、ロサンゼルス、タンパからセントピーターズバーグの地域。著者の対照群の都市はアナハイム、ロチェスター（ニューヨーク州）、ナッソー郡からサフォーク郡の地域、サンノゼ。3年移動平均を使ってデータは均されている。

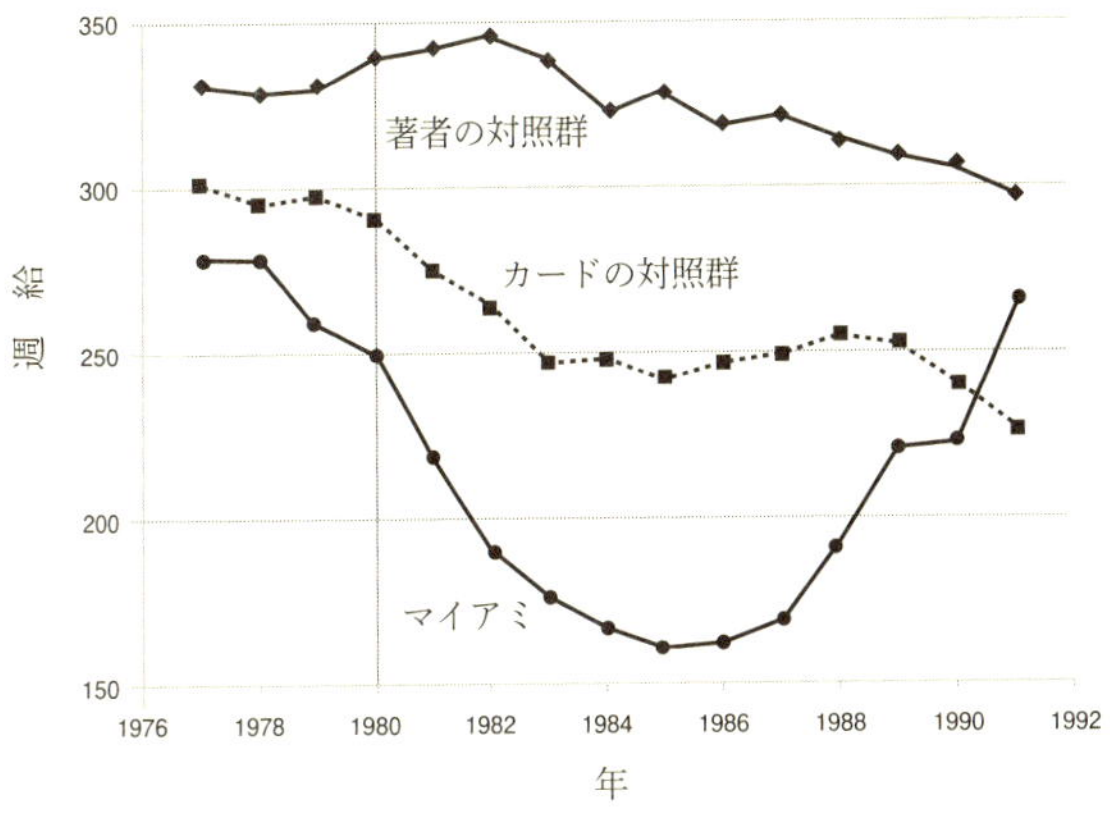

Source: George J. Borjas, "The Wage Impact of the *Marielitos*: A Reappraisal," National Bureau of Economic Research Working Paper no. 21588, September 2015.

およそ五十ドルの差だが、マリエルからの移民がもたらした実際の影響はこれ以上だった。というのも、カードが選んだ対照群の都市は本当の対照群とは言えないからだ。カードは対照群の都市の選出過程を次のように説明している。

［対照群の都市は］相対的に黒人とヒスパニックの人口が大きく、一九七〇年代後半と八〇年代初頭にかけてマイアミと同じような経済成長のパターンを見せていたことから選んだ。一九七六年から一九八四年にかけてマイアミと四つの比較対象都市の平均を比べると、被雇用者数の伸び率を見る限り……経済状況は非常に似ていた。[12]

カードが対照群として選んだ四つの都市は、マリエルから移民が来たあとのマイアミと似ている点があったことから選ばれた点に注意してほしい。これは初歩的な誤りであり、害のある量の実験薬を投与されたわけではないが、なぜか体調を壊した患者から医療研究者がプラシーボを選んだようなものだ。

本当の対照群はマリエルから移民が来る前のマイアミの被雇用者数伸び率に近い都市が選ばれるべきだ。図7・4の「対照群の都市」（アナハイム、ロチェスター、ナッソー郡からサフォーク郡の地域、サンノゼ）の被雇用者数伸び率は、マリエルから移民が来る前のマイアミとほとんど同じだ。こうした正しい対照群を選ぶと、マリエルから移民が来たあとのマイアミでは低技能労働者の雇用環境の悪さがさらに際立つことが良く分かる。

つまり、マリエルのデータと過去数十年の各技能グループの賃金の伸びの調査から分かったことは、移民に関しても供給と需要の法則が成り立つということだ。数字の上でも影響は大きく、国全体の労働市場で見ると供給が十パーセント増えることで賃金は三〜四パーセント下がり、マリエルからのサプライショックのような例外的な状況では、賃金は少なくとも十パーセント下がった。

四　相互の影響を考慮に入れる

移民が収入に与える影響をこのように計測すると、ある問題が生じる。特定の技能グループにおける移民のサプライショックが、そのグループの米国人の収入にどのような影響を与えるかについて計測しているだけで、サプライショックはほかのグループにも影響が波及するのだ。つまり、教育レベルの低い移民は、教育レベルの高い米国人の収入にも影響を与える。若い移民は、年配の米国人の生産性にも影響を与える。こうした相互の影響がもたらす収入の変化も、かなり大きくなることがある。移民が収入に与える影響を正しく見積もるには、こうした変化も考慮に入れる必要があるのだ。

理想的には、すべてのグループの相互の影響を計測できればいいが、それでは収拾がつかなくなる。例えば、前述した四十のグループの中の一つのグループへの移民流入が、ほかのすべてのグループの賃金にも影響を与えるならば、千六百の潜在的な影響を考慮に入れなければならない。

こういう時こそ経済理論が登場する場面だ。仮想経済の数式モデルを使えば、この問題に対応できる。ただし、前提条件の問題が生じる。米国経済や商品の製造方法に関して、ある人には無害な前提条件と思えるものでも、別の人には拘束服のようなもの、ある種のデータの「曲解」と思えるかもしれない。実際はそのどちらでもある。ある程度の前提条件は必要で、それがなければ千六百種類の賃金の影響の計算を前に進めることはできない。ただ、データの曲解も生じるだろう。仮想の経済では、経済状況や商品の製造方法に関して多くの事実に反する前提条件が置かれるからだ。

さらに、自分たちが数式モデルを使って問題を単純化しても、ほかの研究者が異なる前提条件を置くという問題が出てくる。言うまでもなく、異なる前提条件を置けば、異なる結論につながる。移民のように意見の対立する争点においては、そこで問題が生じる（付け入る隙を与えると言うべきか）。研究者が前提条件を変えることにより、都合のいい結論をつくり出すという小さな産業が発展したのだ。移民改革をめぐる最近の議論においては、そうした結論がメディアや政府の報告書で引用される「専門家の意見が対立する」原因になる。

私の二〇〇三年の論文では、グループ相互の影響の計算を「容易にする」仮想経済を用いた。図7・3の現実世界のデータをこの仮想の労働市場に当てはめることで、短期的にはヘリコプターが移民を

表7.1　相互の影響を勘案した1990～2010年のサプライショックによる影響の予測

グループ	供給の増加（%）	短期の賃金の影響（%）	長期の賃金の影響（%）
高校中退	25.9	−6.2	−3.1
高卒	8.4	−2.7	0.4
大学教育を受けたことがある	6.1	−2.3	0.9
大卒	10.9	−3.2	−0.1
大学院	15.0	−4.1	−0.9
すべての労働者	10.6	−3.2	0.0

Source: George J. Borjas, *Immigration Economics* (Cambridge, MA: Harvard University Press, 2014), 114.

降ろした日の朝に何が起こるのか、長期的には米国人がサプライショックに対応し終わった後に何が起こるのかの両方が「分かる」。

表7・1には、一九九〇年から二〇一〇年にかけて移住してきた移民全員が一夜でヘリコプターから降りてきたと仮定した場合に予想される、米国人の収入への影響がまとめられている。サプライショックは教育レベルが最も高い労働者のグループと最も低いグループで大きい。その日の朝（短期）の収入の下落率は当然、その両グループが最も大きい。すべてのグループ相互の影響を考慮に入れれば、高校中退者の収入は六パーセント、最も教育レベルの高いグループの収入は四パーセント下落した。すべてのグループで均すと、収入は三パーセント下落した。

長期的な影響を見る前に、「長期」という期間はあくまで想像上の定義であることを強調しておきたい。つまり、サプライショックに対する関係者の適応がすべて終わった後の仮想経済を表しているのだ。例えば、短期的に賃金が下がれば企業の利益は増えるため、企業は製造を拡大し、儲けの出るこの商品をもっと多く作ろうとするだろう。仮想経済のモデルはどのように経済が動くのかを正確にシミュレーションするため、我々は適応の過程を観測する必要はない。その適応に一カ月を要するのか、十年を要するのか、数十年を要するのかを知る必要もない。我々は単純にすべての適応がなされたと想像するだけだ。あとはモデルの計算に任せておけばいい。

最も驚くべきことは、移民は長期的には平均収入に全く影響を与えないということだ。移民の議論においては、このゼロという数字が最も注目を集める。ナショナル・ジャーナルは二〇一三年に次のような記事を書いている。

> 移民の流入がこれまで賃金を引き下げてきたことを証明する最も引用回数の多い論文があり、その一部はハーバード大学の経済学者であるジョージ・ボージャスとローレンス・カッツが書いたものだ……しかしその論文のデータを少し俯瞰して見ると、移民が賃金に与える影響はないことが分かる。一九九〇年から二〇一〇年にかけて、移民が賃金に与える影響は長期的には平均してゼロだったのだ。[13]

この主張は誤解に基づいており、それに関してできるだけ分かりやすく本来の意味を説明させてほしい。確かに賃金への影響は長期的にはゼロだと予測されているが、実はどのデータを使っても結果はそうなる。それは仮想経済に導入した技術的な前提条件が原因だ。その条件とは、投入する労働と資本を二倍にすれば、製造される商品の数も二倍になるという条件だ（経済学者は「規模に対して収穫一定」と呼んでいる）[*2]。長期のシミュレーションを扱った論文でカッツと私がきちんと述べているように、「生産関数は……規模に対して収穫一定であることから、……賃金の変化の合計はゼロに等しくならなければならない」わけだ。[14]

この前提条件を置けば、カナダでもシンガポールでもケニアでも、一九五〇年代でも一七三〇年代でも二五二五年でも、時代や場所を問わずにサプライショックの賃金への影響は長期的にはゼロになる。ナショナル・ジャーナルが記事で示唆するように、データが「移民が賃金に与える影響は長期的には……ゼロ」だということを証明しているわけではない。仮想経済のモデルの作り方が原因で必ずゼロになるのだ。

平均収入は長期的には変わらないため、収入が下がるグループがあれば、上がるグループもある。一九九〇年から二〇一〇年にかけてのサプライショックを受けて、高校中退の労働者の収入が最も下がった。長期的に見ても彼らの収入は三パーセント下がっている。

米国人の中で高校中退者の割合は少ない。高卒の資格を持っていないのは米国人男性のおよそ一割だ。高校中退の労働者の平均年収はおよそ二万九千ドル。つまり、収入の三～六パーセントというのは、九百ドルから千七百ドルの収入減を意味する。こうした収入減の多くは、社会的立場の弱いグループの人々が経験することになる。高校中退者の三分の一以上は、アフリカ系米国人かヒスパニックだ。

米国への移民が立場の弱いマイノリティの生活に打撃を与えるという事実は、公民権運動の草分け的存在であるフレデリック・ダグラスにより一八五五年にすでに指摘されていた。

> これまで我々の生計を支えていた仕事が、徐々にほかの人々の手に渡っている。それは避けられないことのようにすら思える。黒人が新しく来た移民に仕事を奪われている様子を当たり前のように目の当たりにする。移民はそのハングリーな精神と肌の色で、より良い扱いを受けているようだ。(15)

技能を持たない米国人労働者が経験する被害について、そこまで憂慮すべきではないと主張する人もいる。経済学者のブライアン・カプランは次のように述べている。

低技能の米国人労働者は我々の支配民族なのか？……既得権益が脅かされるという理由で人々が今より素晴らしい政策に反対するとき、経済学者は決まって眉をひそめる。その既得権益の受益者が低技能の米国人労働者であるならば［いっそう理解に苦しみ］、我々は地の果てまで行ってから眉をひそめるしかない。(16)

最も社会的に立場の弱い米国人に損失を与える政策を実行した際の経済的、社会的、政治的な影響は、危険であることを分かった上であえて無視されていると私は感じている。影響を受ける労働者の数は限られ、いずれにせよ低技能の米国人労働者は「支配民族」ではないという理由で、移民が低技能労働者の収入に与える影響を無視するのは極めて視野の狭い考え方に思える。

五　学界の通説を守る

技能グループ同士の相互の影響を考慮に入れた後でも、参入した移民の数が最も多かった技能グループの賃金は下がることが立証され、移民は米国人の収入に影響を与えないという主張は困難になった。これは学界の通説とは相容れないことから、多くの修正主義の研究者が再度の検証を試みた。彼らは十年の研究を費やし、仮想経済の前提条件を二つ変えれば学界の通説と矛盾しない結果になることを突き止めた。一つは、同じスキルを持つと考えられていた移民と米国人が、実は補完関係にあるという前提条件。もう一つは、高校中退者と高卒はクローンだという前提条件だ。移民の流入が賃金にほとんど影響を与えないという最近の主張は、この二つの前提条件を置いた研究に基づいている。ところが、これらの前提条件はいずれも正しくない。

私が二〇〇三年の論文で扱った仮想経済のモデルは、「同じような」スキルと経験を持つすべての労働者は代替可能だと想定した。例えば、大卒で三十代前半の労働者は、全員がお互いのクローンだ。ただ、もし海外で生まれた大卒で三十歳の労働者が、米国で生まれた大卒で三十歳の労働者のクローンでなかったらどうなるだろう？　もしその移民がクローンであるはずの米国人に教えられる何かを持っていたらどうなるだろう？　そうなれば、移民はクローンであるはずの米国人の生産性さえも改善し、みんなの収入が改善するだろう。

現実の世界で、移民とそのクローンである米国人が相互に与える影響が無視できないほど大きいのかどうか、はっきりとは分かっていない。低技能の移民は高技能の米国人を補完する存在であることを、我々のほとんどは認めている。ただ、二十歳のマリエル出身の移民が、マイアミの二十歳の高校中退の黒人の生産性をどのようにして改善させるのだろうか？

この補完関係を中心となって調べたのは二人の経済学者、ギャンマルコ・オッタヴィアーノとジョヴァニ・ピエリだ。彼らは査読前の論文として二〇〇六年に発表した最初の草稿で、移民とそのクローンである米国人が相互に与える影響の大きさは実証されており、移民は実質的にすべての米国人の収入を改善させると主張した。(17)

書類不所持移民に対する恩赦をアピールしていたブッシュ政権にとっては、その論文のタイミングはまさに僥倖だった。経済諮問委員会に任命された経済学者は、すぐにこの査読前の論文を宣伝した。

オッタヴィアーノとピエリが発表した最近の論文によると、……一九九〇年以降に移住してきた移民は、米国人の平均収入を〇・七パーセントから一・八パーセント改善したと結論付けている……また、全部で九割の米国生まれの労働者が移民から利益を得ていると見積もっている。この平均収入の改善割合と米国人労働者の収入の合計を掛け合わせると、移民のおかげで年収が三百億ドルから八百億ドル改善した計算になる。[18]

このように早急に結論付けるのは少し問題がある。彼らの論文では、まだ卒業証書をもらっていないという理由で、数百万人の米国人の高校二年生と三年生を「高校中退者」と分類している。つまり、彼らの主張は誤った分類の仕方に依っているのだ。誤って高校中退者と分類された人々をサンプルから除けば、移民とそのクローンの米国人が補完関係にあるという話題を集めるような（そして政治的には有用な）結論にはならないのだ。[19]

当時、私はこの経済諮問委員会の報告書の統計結果の一部を再現しようとしたが、どのようにして得られたのかが分からなかった。私は不審に思ったが、同委員会のスタッフは私がまだ知らないことを知っているのだろうと思った。二〇〇七年六月二十日、私は当時のチーフ・エコノミストにメールを送り、次のように質問した。「オッタヴィアーノとピエリの弾性値から、どのように利益を算出したのか詳しく教えてもらうことは可能でしょうか？　どのような数式を使ったのでしょうか？　また、どの数値を代入したのでしょうか？」。数カ月後、私は次のような返信を受けた。「チーフ・エコノミストは計算についての詳細をあなたに送ってもいいという許可を得られなかったと申しております」。これまで私が抱いてきた政治的な動機のある専門家の主張に対する懐疑心は、ここで再び証明されたのだ。

表7.2 1990〜2010年のサプライショックが高校中退の米国人にもたらした影響の予測（シナリオ別）

	賃金への影響（％）		
	基本シナリオ	移民とクローンの米国人の間の補完関係を考慮	さらに高校中退者と高卒は労働者としてクローンと仮定
短期	−6.2	−4.9	−2.1
長期	−3.1	−1.7	1.1

Source: George J. Borjas, *Immigration Economics* (Cambridge: Harvard University Press, 2014), 120, 126.

二〇一二年になってようやく、オッタヴィアーノとピエリの論文の改訂版が学術誌に掲載された。[20] 当初の草稿と比べると、掲載された論文では移民がクローンである米国人に与える影響がかなり小さくなっていた。その論文では、そうした影響は大きく見積もっても「かなりささやか」だと結論付けている。[21] 表7・2では、新たなシナリオの元ではどのくらい収入への影響があるかを示している。移民がクローンの米国人に与える影響を考慮に入れても、米国人の高校中退者の収入は二〜五パーセント減少するのだ。こうした経緯があったとしても、今では「補完関係」という言葉が移民の支持者がふれ回る宣伝文句となっている。彼らは政治的に注目を集めた欠陥のある草稿と実際に学術誌に掲載された改訂版の大きな違いには気付いていないようだ[*3]。

移民とそのクローンの米国人の間に補完関係があるという前提条件は学界の通説を守るという使命を果たせなかったものの、デイヴィッド・カードが最初に使った修正主義者の二番目の前提条件〔高校中退者と高卒はクローン〕がまだ残っている。この前提条件を加えれば、〔移民のせいで〕米国人の低技能労働者の収入が下がるという困った事態はなくなるのだ。[22] では、このように低技能労働者の定義を変えれば、何が起きるのだろうか？ 高校中退者と高卒は通常、お互いのクローンとは見なされないが、もしクローンであると見なすと何が起きるのだろうか？

もし両者が労働者としてクローンであれば、移民が低技能労働者に与えるマイナスの影響はほとんどなくなる。表7・2によると、低技能労働者という大きな分類の中から高校中退者という小分類を「なくす」と、移民が米国人の高校中退者に与える影響は小さくなり、最も不利な立場にある労働者の収入をほとんど変えないということになる。

図7.5　高校中退者と高卒のマイアミにおける収入

平均週給は25〜59歳のヒスパニックではない男性を標本をとして算出。
3年移動平均を使ってデータは均されている。

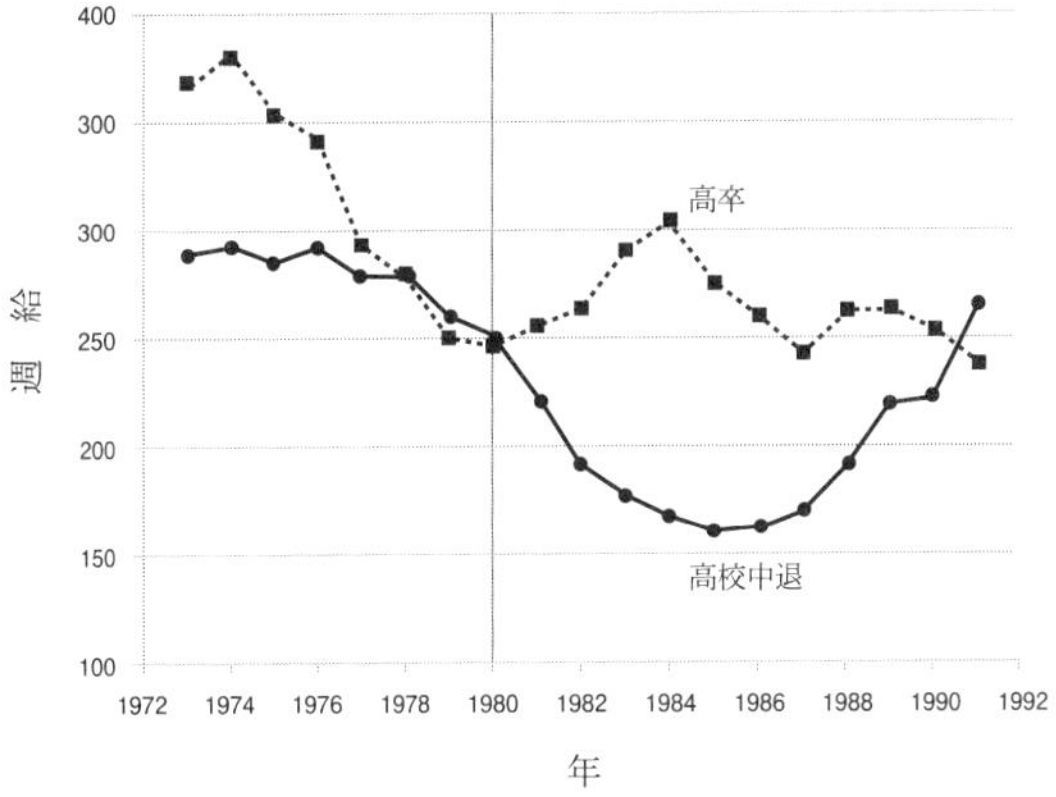

1972〜92年の3月の人口動態調査を基に著者が計算。

当然、ここで疑問が生じる。高校中退者と高卒を同一視することが正当化されてもいいのか？　マリエルからの移民の調査で得た証拠を見る限り、二つのグループは同一視しては道理が通らない。図7・5は、マイアミにおける高校中退者と高卒の収入が、マリエルからの移民の流入前と後でどれだけ変わったのかを示している。両グループが労働者としてクローンだと仮定すれば、彼らの収入は似たような推移になるはずだ。つまり、マリエルからの移民によるサプライショックは、両グループの労働者の収入を下げる効果があるはずだ。ところが実際は、マリエルからの移民は高校中退者の収入を大きく下げた一方、高卒の収入は変わらなかった。

学界の通説を守るために使われた次の二つの前提条件が抱える認知的不協和を、ここで指摘しておく必要がある。（1）移民とその米国人のクローンは補完関係にある、（2）高校中退者と高卒はクローンである。別の言い方をすれば、我々のほとんどが異なると見なす労働者（高校中退者と高卒）が同一であり、多くの人が同一と見なす労働者（同じ年齢で同じ教育を受けた労働者同士）が異なるということになる。

また学界の通説を守るために、小さな分類をより大きな分類の中に紛れ込ませる傾向にあることも指摘しておきたい。例えば、高校中退者と高卒を低技能労働者という大きな分類に一まとめにするようなことだ。このように統合すれば、小さなグループだけが受けた独自の影響を薄めることができるのだ。このように探すのではなく隠すやり方は間違っている。最初のマリエルからの移民の研究と二十五年後に私が行った研究の結果の違いを見れば、サプライショックで最も影響を受けそうな労働者のグループを明確に特定することがいかに重要であるかが分かるだろう。

例えば、博士号を持つ社会学者を海外から五万人受け入れたと仮定しよう。そうしたサプライショックは、博士号を持つ経済学者や化学者にはほとんど影響を与えないが、社会学者の就職には確実に影響を与えるだろう。もし我々が「高技能」というグループを博士号を持つすべての労働者のグループと定義すれば、我々は確実にサプライショックの影響を見落とすことになるだろう。

最近の論文は、現実の世界での二つの実例を紹介している。最初の論文は、外国人の看護師の受け入れについて調べたものだ。二〇一〇年にニューヨークでは、登録看護師の半数以上が外国生まれだった。ボストンでは、その割合はたったの一割だった。このサプライショックは、一部の都市では米国人看護師の雇用に大きな影響を与えた。「ある都市に外国人の看護師が一人移住すれば、その都市では米国人の看護師の一人か二人が仕事を失う」[23]。もし研究者の調査対象が外国人看護師がすべての大卒者の就業機会に与えた影響であれば、こうした影響は発見できなかっただろう。

二番目の論文は、ノルウェーの建設業を調べたものだ。[24]電気工や配管工などの仕事では免許が必要だが、大工や塗装工などの仕事では免許が必要ない。移民はきちんとした資格を持っていないことが多いため、免許が必要な仕事はサプライショックから守られている。ノルウェーの建設業への移民の流入により、この二つの種類の仕事で全く異なる影響があったのも不思議ではない。移民の流入で労働供給が一割増えたことにより、免許が必要ではない仕事の収入は免許が必要な仕事との相対比較で六パーセント下がった。もしすべての建設労働者が一つのグループとして扱われれば、移民が収入に与える影響はかなり小さくなり、見えにくくなっていただろう。

学界の見解を守るために行われた過去十年の研究では、いかに私が二〇〇三年の論文で使ったものとは異なる前提条件を使おうとしてきたのかをこれまで詳しく述べた。また、本書の執筆のために私はマリエルからの移民の影響を再び調べ、マイアミの低技能労働者の収入が移民の影響で下がっていたことを発見したと指摘した。

学界の通説に反する私の発見に手を加えられるまで、それほど時間はかからなかった。私のマリエルからの移民の研究結果が公表されてから三カ月以内に、銀河系の秩序を戻すための反論の火蓋が切られた。例えば、ジョヴァニ・ピエリとヴァシル・ヤセノブは別の労働者のサンプルを使い、マイアミと対照群に選ばれた都市における収入の変動を計算し直せば、学界の通説に反するような結果にはならないと主張した。[25] 私は二十五歳から五十九歳までのヒスパニックではない米国人男性の収入をもとに、マリエルからの移民の影響を調べた。そのサンプルに選ばれた男性は、米国生まれで主要な年代の労働力であり、すでに学校教育を終え、リタイアはしていない。一方、学界の通説を擁護しようとする研究では、十六歳から六十一歳までのすべての労働者を対象としている。

驚くべきことに、十六歳から十八歳までのティーンエイジャーをサンプルに加えることで、ピエリはデータ抽出において同じ過ちを二度も繰り返している。移民とそのクローンの米国人の補完関係を調べた最初の分析と同様、すべての高校二年生、三年生、四年生は卒業証書を持っていないという理由で高校中退者と誤って分類されている。こうした生徒の収入はアルバイトや夏休みの間だけの仕事から得たものであり、彼らを低技能労働者と分類すれば収入の変動は致命的に歪められ、マイアミがほかの都市とはそれほど変わらないように見えるのだ。平たく言えば、ゴミを入れれば、ゴミが出てくるということだ。[26]

学界の通説を擁護する研究の中で、どのように、そしてどういった理由でこうしたデータ操作が繰り返されるのか本当のところは分からない。ただ、こうしたずさんなデータ操作はいつも同じ効果を意図したものだという特徴がある。実際に起きた米国人の収入の減少をなかったかのように見せようとしているのだ。

移民は「我々全員にとっていいことだ」という通説を論文が確実に裏付けるように、社会科学者は「あらゆる手段を駆使する」と公の場で最初に指摘したのはポール・コリアーだ。ピエリとヤセノブは、そうした運動療法をさらに広げるよう勧めた。

経済学の研究者の最終目標は、……マイアミに船で降り立った移民が現地の収入や雇用にマイナスの影響を与えたことを示す重要な証拠はなかったということで意見がまとまることだと我々は考えている。[27]

ほかにも懸念すべき経済問題は山積しているものの、「経済学者」には進軍命令が与えられている。マリエルからの移民は誰にもマイナスの影響を与えなかったと結論付けるという「最終目標」を達成することだ。私はそうした号令を聞くと、昔通ったハバナの革命学院におけるマルクス・レーニン主義に侵された教師たちを強烈に思い出す。彼らはただ信じているのだ。あとはほかの人にも信じさせればいいということなのだろう。

六　収入への影響はどれくらいあるのか？

仮想経済というモデルは非常に役に立つ。難しい問題を考える際に我々に手を貸してくれるものであり、複雑な現実から対象となる問題だけを切り離して抽出してくれる。モデルの前提条件を書く上で研究者は論理的に厳密にならざるをえず、何が起こる可能性があるのかを大まかに教えてくれる。ほとんどの経済学者はそうしたモデルの限界もはっきりと分かっている。実際、我々はモデルを使った研究から何が分かるのかについて時間をかけて議論している。

あいにく、移民の支持者のほとんどは経済モデルというブラックボックスの中身を理解していない。彼らはモデルを誤って解釈し、悪用する。都合のいい結論を得るためなら前提条件をためらわずに操作するような人々に対して、見栄えの立派な数式が科学的権威のドレスをまとわせるのだ。

私の考えでは、移民が労働市場にどのような影響を与えるかを証明する最も信頼性のある証拠は、仮想経済のモデルを使った研究からは出てこない。現実の世界を調べた研究にはデータ絡みの問題がつきものだが、少なくとも前提条件によって証拠が歪められることはない。前提条件をうまく利用すれば、結果を意図的に操作したり、ある見解をでっち上げることもやろうと思えば可能なのだ。移民がある特定の技能グループに参入したことで、そのグループの収入にどういった変化があったのか。その過去の連関を見れば明らかなことがある。移民の影響が最も大きいグループの収入の伸びは鈍化するのだ。

特定の技能グループの数十年にわたる追跡やマリエルからの移民のサプライショックに基づいた実際のデータから、次のことが論理的に推測できる。ある技能グループの労働供給が一割増えれば、彼らの収入は少なくとも三パーセント減少する。マリエルからの移民がもたらした影響が全体の労働市場に一般化できるのであれば、一割の収入減もありうるのだ。こうした事実から言えるのは、現代の米国社会において移民で利益を得ている人もいるが、その代償の多くを払ってきたのは低技能労働者だということになる。ドーピングが絡んでいるスポーツの記録と同じように、あらゆる経済モデルに頼った研究結果にはしっかりと統計表の横に脚注を入れるべきだろう。

＊1　完全代替財の専門的な定義は、この労働者としてクローン（コピー生物）という関係が示唆するよりも狭い。一つのグループの財が別のグループの財と常に同じ割合（一対一である必要はない）で交換可能なとき、これら二つのグループの財は互いに完全代替財である。

＊2　賃金に与える短期的な影響の平均は、資本所得の割合（一九九〇年から二〇一〇年にかけてはおよそ三割）と労働供給の増加率（この場合は十・六パーセント）との積に等しいという前提条件もこのモデルには含まれている。

＊3　オッタヴィアーノとピエリがより伝統的な統計手法を使えば、移民がクローンである米国人に与えるこの「かなりささやか」な影響ですら完全になくなる。以下参照。George J. Borjas, Jeffrey Grogger, and Gordon H. Hanson, "On Estimating Elasticities of Substitution," *Journal of the European Economic Association* 10 (2012).

第八章　経済的利益

移民を受け入れている国は一般的には、ある単純な理由から移民の受け入れを支持している。移民は自国民に利益をもたらすと思っているのだ。もしそうではなく、移民が自国民の生活を貧しくする存在だと思われているのであれば、開かれていたドアはすぐに閉ざされる。それは多くの歴史が証明している。

そうした利益の一部は、移民と国民の補完関係によりもたらされる。移民は一部の国民の生産性を改善し、自国の企業の利益にも貢献するかもしれない。移民のおかげである特定の商品やサービスの価格が下がるという利益もある。カリフォルニア州に大挙して移住した低技能移民は、自宅を清掃したり、芝を刈るサービスの価格を確実に引き下げた。移民は消費者でもあり、自国で生産される財やサービスの需要が増えるという利益もある。移民自身が起業し、雇用をつくれば、さらなる利益を生み出すだろう。

極めて優秀な移民がたくさん移住してくれば、そうした利益は指数関数的に増えるだろう。高技能を持つ移民が、イノベーションを加速させることに疑いの余地はない。二〇一〇年にフォーチュン五〇〇に選出された企業の創業者の四割以上は、移民かその子孫である。二〇一一年にトップの大学から申請された特許の四分の三は、外国生まれの研究者が発明にかかわったものだ。また、ノーベル賞受賞者の多くを移民が占めている。化学賞では三十三パーセント、経済学賞では二十六パーセント、物理学賞と生理学・医学賞では三十四％が移民だ。[1]

こうした過去の実績を見れば、移民が国内総生産（ＧＤＰ）に大きく寄与しているという主張を聞いても違和感はない。ジョージ・Ｗ・ブッシュ研究所は、一九六〇年代から「成長志向の移民政策」を実施していれば、今よりもＧＤＰは二兆ドルほど増えていただろうと主張する。またバイパルチザン・ポリシー・センターは、包括的な移民改革を実施すれば、二十年間でＧＤＰを約一兆ドルかさ上げできると予測している。米国に幼少期に不法に移住してきた移民はDREAMersと呼ばれるが、彼らの法的地位を合法にするという穏当な政策でも米国に大きな利益をもたらすと予測されている。アメリカ進歩センターはそうした合法化が適用される不法移民は二百万人にすぎず、ＧＤＰを三千三百億ドル増やす（一人につき十六万五千ドル）と報告している。[2]

こうした主張が正しいのかどうかは中身によるところが大きく、今の段階では計算の手法を変えれば全く異なる数字が出てくるということを肝に命じておくべきた。移民がもたらす利益を正確に計算するには、移民が経済にもたらす影響の潜在的な経路をすべて把握しておく必要がある。例えば、移民がどのように賃金、価格、利益に影響を与えるのか、移民がいかに各業種の被雇用者数に影響を与えるのか、米国人労働者と米国企業が移民の流入にどのように反応するのかといったことだ。

言うまでもないが、このような途方もない労力を要する計算はこれまで一度もなされたことがない。その代わりに、市場に労働供給が数百万人増えれば何が起きるかをシミュレーションできる仮想経済のモデルを使って、移民がもたらす利益は計算されてきた。そうすれば、移民があらゆる部門に与える波及効果を記録できる。簡単に言えば、経済現象を表すと考えられているいくつかの数式を書き、その数式に数字を入れることで移民の経済的な利益をはじき出してきたのだ。

こうした理論に基づいた計算が教えてくれた大切な教訓は、「教科書」的な労働市場のモデル（当たり前の供給と需要の法則を記述するモデル）によると、移民が自国の生産活動に加わることで国民の富の総額が増えることが予測されるということだ。つまり、移民に対して扉を開いておく経済的なインセンティブはあるのだ。

ところがそのモデルによると、米国人が得られる正味の利益〔損失を差し引いた利益〕はそれほど多くはないと予測されている。数兆ドルや数千億ドルの規模からほど遠い、年間たった五百億ドル程度だという。移民政策の議論においてこの小さな利益を誇示しようとするならば、ほかの都合の悪い数字も明らかにしなければならない。いずれの数字も同じ計算から得られるものだからだ。移民を受け入れることで、五千億ドルもの巨額の富が移民と競合する米国人労働者の手から、移民を雇用する立場にある米国人の手に再分配されるというのだ。

移民の一部、特に高技能を持つ移民が大きな経済的利益をもたらすという、一般的に広く信じられている考えとは矛盾する結果だ。移民が大きな経済的利益をもたらすには、ある極めて重要な点において労働市場の標準的な考え方から逸脱する必要がある。つまり、高技能を持つ移民は新しいアイデアを持ち、そのアイデアが米国人に「伝播する」ことで彼らの生産性が向上し、富が増えると想定しなければならない。そうした副次的効果があることを示す研究結果はあるが、そうした効果が発揮されるのは極めて限定的な状況に限られる。移民が極めて優秀な場合のみ、そうした副次的効果は説得力のある形で確認できる。例えば、その移民がノーベル賞の有力な候補である場合や、彼らがその道の権威と呼ばれる専門家で、米国人が極めて近い立場で彼らと働けるときだ。

一　利益を得るのは誰で、どのくらいか？

移民が賃金に与える影響をめぐる議論の背景には、彼らが一部の米国人を貧しくするという懸念がある。より多くの移民を受け入れることが目標であれば、彼らが賃金に与える影響は無視できるほど小さいと主張した方が政治的には有利だ。一方で移民を制限することが目標であれば、そうした影響は大きく、しかも偏っていると主張した方が政治的に有利に働く。

ところで、移民が賃金に与える影響に対して注意を払わなければならないもう一つの大きな理由がある。誰かの賃金が下がっているということは、誰かの利益が増えているということを意味する。労働コストの低下がもたらす利益は、そうした労働者を使う側の人や企業に還元される。安い労働者を雇う大きなホテルチェーン、家事や育児を手伝ってくれる人を探している家族、移民と〔労働市場において〕彼らの競合相手である米国人がつくる財やサービスを買う消費者。自由市場において供給と需要の法則が機能すれば、儲かる側にいる米国人が享受する利益の額は損をする側にいる米国人が被る損失額よりも大きい。つまり全体で見れば、移民は米国人の富を増やすことになる。勝者が得る利益と敗者が失う損失の差は「移民余剰」と呼ばれる。

分配に伴う痛みは、経済的利益のコインの裏側だということを強調しておく必要がある。皮肉なことだが、分配に伴う痛みが大きければ大きいほど、経済的利益も大きくなる。（少なくとも労働市場の一般的な考え方から言うと）移民は米国人の富を数千億ドル、もしくは数兆ドル増やす一方、賃金には影響を与えないと主張するのは道理に合わない。また、移民は米国人の賃金を押し下げるが、経済的利益は全くないと主張するのも同じ理屈で道理に反する。

理想的な世界では、移民が経済に与えるあらゆる影響を書き出した極めて長いリストを作成して、移民余剰を計算する。リストに沿って各経路を一つ一つ調べ、移民を受け入れていなければ経済はどうなっていたかを計算する。こうした反事実の計算で得られた富と現実に得られた富との差が、移民が増やした富ということになる。また、富の増加分のどれくらいを米国人が享受し、どれくらいを移民がその労働の対価として得たかも計算できる。

ところが我々はそうした理想的な世界に住んでいるわけではないため、上記のやり方によるボトムアップの計算は不可能だ。経済学者はそうした計算の代わりに、仮想経済の仕組みや各部門への影響を表す数式モデルを利用して近道をする。ここまで本書を読んだ読者には、おなじみの手法だろう。経済の仕組みを記述する数式を書き出して、その中に数字を入れる。すると不思議なことに、経済的利益の概算がはじき出されるのだ。

私が初めて移民余剰の計算を試みたのは、一九九一年にさかのぼる。経済学者のデイヴィッド・ヘンダーソンが自身が編集者を務めるフォーチュン・エンサイクロペディア・オブ・エコノミクスへの寄稿を私に依頼し、移民余剰に関する内容を盛り込めば面白くなると提案してきたのだ。

私は当初、こうした計算はあまり役に立たず、物笑いになるだけだと思ったことを認めなければならない。なぜなら、数式モデルから算出される移民余剰の値は、理想的なデータがあれば可能となる詳細な計算から算出される値とは程遠いからだ。驚いたことに、このことについて話した何人かの同僚は、数式モデルに基づいた移民余剰の計算に興味を持っているようだった。それから数年後、ジャーナル・オブ・エコノミック・パースペクティブの編集者だったアラン・クルーガーから、同誌のために移民に関するシンポジウムを開いて欲しいと依頼されたとき、私は当初のアイデアを拡張する機会を得た。そして私は、教科書的な労働市場のモデルから算出される移民余剰についてまとめた

表8.1　短期の移民余剰（2015年）

	10億ドル
移民余剰	50.2
米国人の損失	515.7
米国企業の利益	565.9
GDPの増加	2,104.0
移民への支払い	2,053.8

Source: Updated from George J. Borjas, "The Economic Benefits from Immigration," *Journal of Economic Perspectives* (1995). 労働力人口に占める移民の割合は16.3％、GDPは18兆ドルと仮定して計算。

論文を書いた[3]。

移民余剰を計算するには、仮想経済の数式モデルにある重要な数字を加える必要がある。移民が労働市場に参入した際に、米国人の賃金がどれくらい下がるのかを示す数字だ。前章で論じたように、移民が賃金に与える影響については意見が分かれるが、一般的には労働供給が十パーセント増えれば、短期的に米国人の賃金が三パーセント下がると想定される。二〇一五年時点で、およそ十六パーセントの労働者が外国生まれで、米国のＧＤＰは約十八兆ドルだった。そうした数字をもとに計算すると、短期的な移民余剰は合計で年間五百億ドルになる（表８・１を参照）。

この五百億ドルという数字は、仮想経済に設けた多くの前提条件に左右される。そうしたことを考慮に入れても、この計算は驚くべき、示唆に富む事実を明らかにしている。一般的な枠組みを使って計算すると、移民余剰の値が大きくなるのは数学的にありえないということだ。十八兆ドルという経済規模において、五百億ドルという余剰はそれほど大した額ではない。ＧＤＰの一パーセントの十分の三以下だ。

またこの計算は、小さな余剰の裏で大きな富の分配が行われていることも明らかにする。米国人の労働者は五千百六十億ドルも損失を被る一方、米国企業は五千六百六十億ドルも利益を得ている。もしあなたが移民は米国人に利益を与える存在であり、彼らがもたらす余剰が五百億ドルであると信じたいのであれば、同じ計算から次の事実が導き出される。

移民を受け入れることで、米国人労働者は五千億ドルもの小切手を彼らの雇用者に支払うことになるのだ。[*1]

前述したように、このアプローチは現実とはかけ離れていることから、私はこの計算結果を見せても大きなあくびが返ってくるだけだと思っていた。ところがある移民支持派のグループから送られてきた封筒を開いたとき、私は狐につままれたように感じた。その組織の運営資金を集める内容の手紙だったのだが、その中で私が計算した移民余剰の数字が引用されていたのだ。こうしたことはよく起こることかもしれないが、自分自身がその数字を提供した人物であり、その数字が意味することの限界を知っているとなると、全く話が変わってくる。

まずこの計算は、移民が街に降り立った朝に「米国人の富《パイ》」の大きさと配分に何が起きるのかを示すものだということを強調しておく必要がある。利益が増えれば、おなじみの商品を製造している工場は製造ラインを拡大し、限界利益がゼロになるまで市場にその商品はあふれる。長期的には移民は平均賃金や企業の利益に影響を与えないため、米国人の労働者と雇用者のいずれも利益を得たり、損失を被ることはない。長期的には、移民余剰はゼロでなければならない。

数百万人の新たな労働者が参入すれば、あらゆる種類の規模の経済が生まれ、巨額の利益が生み出され、その過程でみんなが利益を得ることは容易に想像できる。一方で、数百万人の新たな労働者の参入は、生産現場の混雑や環境への影響から規模の不経済を生み出し、その過程でみんなに不利益を与えると想像することも可能だ。おそらく、こうした空想のどちらかが真実なのだろう。ただ、労働市場の教科書的なモデルを「使えば」そのどちらにもならない。(工場の労働者と資本を二倍にすれば、生産される商品の量も二倍になるという)モデルの前提条件の結果、移民が賃金に与える影響が長期的にはゼロになるように、移民余剰も長期的にはゼロになるのだ。移民が賃金に与える影響が長期的にはゼロになることを強調している移民支持者は皮肉なことに、移民が米国人に与える利益も長期的にはゼロだということを暗に認めていることになる。

短期的な利益が極めて小さく、長期的な利益はないにもかかわらず、移民が富を数千億ドル、または数兆ドル増やすと大風呂敷を広げている人たちがたくさんいる。そうした主張をする人はその「利益」が具体的に何を意味しているのかについて誤解していることが多く、本来なら批判に値する。移民余剰とは、移民が国民にもたらす追加的な富を意味する。ＧＤＰの実際の増加分とは明らかに異なる概念だ。というのも、ＧＤＰの増加分の一部は移民が彼らの労働の対価として受け取るからだ。

表８・１が示すように、現在の米国への移民はＧＤＰを二兆千億ドル増やしている。ただ、その増加分の九十八パーセントを移民が所得として受け取っている。米国人が享受する利益はほとんどないのだ。移民が受け取る利益は大きいということは指摘しておかなければならない。（二兆ドルを超える）移民の収入は、彼らが母国に残っていた場合に受け取る収入をはるかに上回る。

二　高技能移民

従来の労働市場に対する考え方を変えない限り、移民の受け入れは米国人をあまり豊かにしない。移民が米国人にもたらす利益が大きいと予測するためには、教科書的モデルの前提条件の一部を大きく変える必要がある。高技能移民が米国人の生産性を引き上げ、イノベーションを加速し、間接的な経路で経済成長に寄与すると想定するのだ。

高技能移民が生産性に対して利益を生む波及効果をもたらすとすれば、具体的に何が起きるだろうか？　ストーリーは単純だ。米国人は高技能移民を通して新しいタイプの専門性や知識に触れることができ、その結果より生産的になるのだ。

高技能移民と時間を共有することで、米国人労働者の生産性が上がるという仮説を裏付ける経験的証拠を見つけるために、そうした波及効果の存在を確かめる多くの研究が近年なされた。そうした研究では、高技能労働者のサプライショックを起こした国内外の過去の出来事に焦点を当てている。これまでの研究では、高技能移民はプラスの波及効果を持つということが実証されている。移民が極めて優れた能力を持ち、米国人が彼らと緊密に働くとき、そうした波及効果が最も顕著に見られる。ただ、こうした極めてレアなケースを除くと、移民がもたらす波及効果はそれほど判然としたものではない。

ナチスドイツのユダヤ人科学者

経済学者のファビアン・ウォルディンガーは、こうした高技能移民の波及効果に関する研究の第一人者だ[4]。アドルフ・ヒトラーが政権を取った直後の一九三三年、ナチス政権は悪名高い職業公務員再建法を施行した。その法律の中には、「アーリア人の子孫ではない公務員は退職しなければならない」という極めて重要な条項があった。ほとんどの大学教授は公務員だったため、ドイツの大学はユダヤ人の教授を解雇した。例えば、数学科の教授のおよそ十八パーセントは一九三三年から一九三四年にかけて解雇された。

当時、ドイツの数学は世界の数学コミュニティの中心的存在で、解雇された教授の多くはすぐに海外で新しい職を見つけることができた。ウォルディンガーはこのサプライショックを利用し、最も影響の大きかった数学科の博士課程に在籍する学生の生産性に、ユダヤ人教授の突然の追放がどのような影響を与えたのかを調べた。

図8.1 大学院生の生産性とユダヤ人数学者の解雇

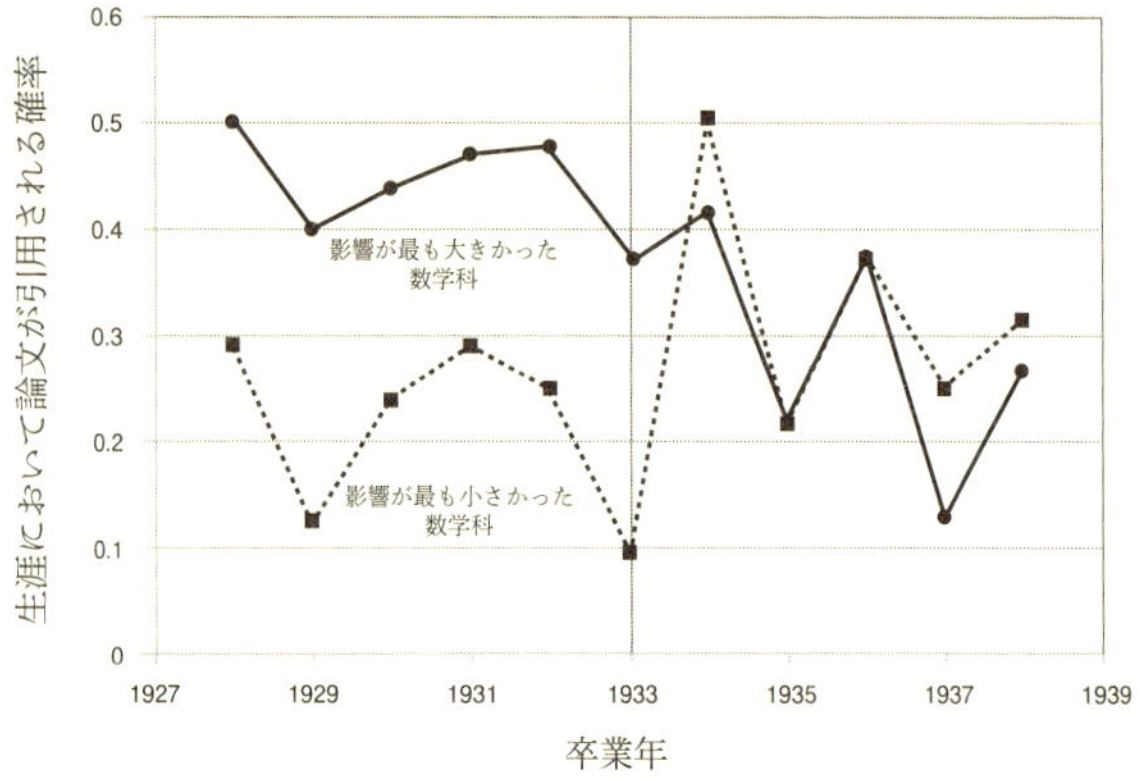

Source: Fabian Waldinger, “Quality Matters: The Expulsion of Professors and the Consequences for Ph.D. Student Outcomes in Nazi Germany,” *Journal of Political Economy* 118 (2010): 813.

ゲッティンゲン大学とベルリン大学の数学科が、ドイツの数学研究をリードしていた。両大学から解雇された教授の中には、著名な数学者であるリヒャルト・クーラント（ニューヨーク大学に移る）やリヒャルト・フォン・ミーゼス（ハーバード大学に移る）、ジョン・フォン・ノイマン（プリンストン大学に移る）などが含まれていた。概して最も深刻な打撃を受けたのは、ドイツで最も優秀な数学科だったのだ。

ウォルディンガーはユダヤ人教授の解雇の前に入学した博士課程の学生と、そのあとに入学した学生のその後のキャリアを比較した。予想通り、一九三三年まではクーラントやミーゼス、フォン・ノイマンなどが在籍した数学科の博士課程を卒業した学生は、ほかの研究者が引用するような論文を書く確率がかなり高かった（図8・1を参照）。ところがこうした有利な状況は、ナチスによるユダヤ人教授の解雇の後にすぐになくなった。

学生の卒業後の実績と教授陣の質の連関を見る限り、プラスの波及効果はあると言えるだろう。ユダヤ人の数学の権威がいなくなることで、良き指導教官を失った学生の卒業後の生産性は下がったのだ。

ウォルディンガーは続く研究で、物理学などほかの学科まで分析を拡大し、（学生ではなく）ユダヤ人教授の同僚の教授の生産性がどうなったのかを調べた[5]。ドイツにいた物理学教授の十四パーセントが解雇され、その中にはアルバート・アインシュタインも含まれている。調査の結果、同僚の教授に関してはユダヤ人の解雇の影響が見られなかった。アインシュタインを含むユダヤ人物理学者の同僚たちが発表した論文の数は、彼らが解雇された後にも変化がなかったのだ。

この素晴らしい自然実験は、極めて有能な労働者のサプライショックにプラスの波及効果があることを示す、おそらく最も説得力のある証拠となった。一方で、そうした波及効果が無条件に起こるわけではないことも明らかにしている。高技能移民は身近に交流した人物（指導相手となった学生など）には強い波及効果をもたらすが、すでに「一人前」になっている同僚にはそれほど影響を及ぼさない。同僚に関しては、ユダヤ人の教授がいなくなることで資金獲得競争が緩和されたプラスの側面もあった。

ソ連の崩壊

ほとんどのソ連の歴史において、科学者は欧米諸国に行くことや欧米の科学者と交流を持つこと、彼らとアイデアを交換することが禁止されていた。ソ連崩壊により、旧ソ連の科学者たちは突然、国を出て海外に行き、欧米の研究機関の職に応募する機会を得ることになった。数学者を含めた多くの科学者がこの機会を利用し、高技能労働者が大量に欧米諸国になだれ込んだ。

数学者のケースが特に興味深い。というのも、今では「ルージン事件」として知られている重要な歴史的出来事が、鉄のカーテンの両陣営の数学者の断絶を決定的なものにしていたからだ。モスクワ大学の著名な数学者でソ連科学アカデミーの会員でもあるニコライ・ルージンが一九三六年、スターリンによる魔女狩りの標的となった。反ソビエトのプロパガンダをばら撒き、彼が証明した最も素晴らしい定理を母国ではなく海外の学術誌で発表したとして告訴された。ソ連の数学者はすぐに政府からのメッセージを理解した。論文はソ連の学術誌だけに発表しなければならない。

物理的、学問的な隔離によって、ソ連の数学者と欧米の数学者との間には深い溝ができていた。ソ連と欧米の数学者は、数学という学問において全く異なった分野を専門領域とするようになった。ソ連で最も人気のある分野は偏微分方程式と常微分方程式であり、同国で発表された論文の十八パーセントを占めた。米国で最も人気のある分野は統計学とオペレーションズリサーチで、論文の十六パーセントを占めた。

一九九二年の共産党政権の崩壊がきっかけとなり、千人以上の数学者（全体のおよそ一割）がソ連を去った。その三分の一は米国に移り住んだ。彼らは米国の数学界において最も優秀な集団となり、論文を量産した。そうした才能ある数学者たちが突如として現れれば、米国人の数学者の生産性に波及効果があっても不思議ではない。実際にニューヨーク・タイムズは、ハーバード大学の数学者がソ連の数学者との交流のおかげで、長い間未解決だった数学の問題を解いたことを記事にしている。

ハーバード大学の数学者、パーシ・ダイアコニス博士は、「本当に素晴らしかった。全く斬新な考え方や答えを教えてくれるんです」と語った。ダイアコニス博士は最近、二十年間考え続けた数学の問題に関する助言を［ソ連の数学者である］レシャーツキン博士に求めたという。「何か知っているかもしれない全国の人にこれまで助言を求めてきました」……誰も助けになる人はいなかった。ところが……ソ連の科学者はこの問題について色々と研究していた。「私がアクセスできるようになった全く新しい世界でした」とダイアコニス博士は述べた。(6)

職を探している数百人のソ連の数学者が米国に移り住んできた。彼らは米国人数学者にはなじみのないアイデアを持っていた。ニューヨーク・タイムズは次のような記事も書いている。

米国の科学者は……招待状を求める手紙や電話の攻勢にさらされた……「旅行者として米国に来てから、全国を周って職を探している極めて著名なソ連の数学者に何人も会いました」[7]。

アメリカ数学会が集めたデータによると、博士号を取ったばかりの数学者の失業率は急上昇しており、「数学の分野で職を探している有能な移民の数の増加」が前例のない十二パーセントという失業率の主因だと考えられている[8]。つまり、生計のために数学の定理を証明している人々の雇用機会も、建設労働者やタクシー運転手、肉体労働者と同じように供給と需要の法則に支配されるのだ。同学会のデータによると、博士号を取得したばかりの数学者の雇用環境が元に戻るのに十年近くかかったという。

私はこのソ連からの科学者のサプライショックに長い間、興味を持っていた。一九九〇年代中盤にハーバード大学に移ったとき、私の家族はボストン郊外にあるレキシントンに居を構えた。その立地と公教育制度の質の高さから、その地域の大学関係者の多くがレキシントンに住んでいた。

息子のリトルリーグの試合とカブスカウト〔ボーイスカウトの年少団員〕の活動を通して、私はある子供の父親と親しくなった。彼は数学者だった。彼はマサチューセッツ工科大学で博士号を取り、いくつかの数学の論文を発表していた。彼はソ連からの移民によるサプライショックのせいで仕事を探すのに苦労し、アカデミックのポストを得ることができなかったことを詳しく話してくれた。彼は明らかに極めて聡明かつ有能であったため、彼の言葉は強く印象に残った。私はこの逸話は調べる価値があると思い、心の引き出しにしまった。

それから十年後、私はノートルダム大学で講義を受け持っており、そこで移民問題に関心のあった若い経済学者、カーク・ドランと会った。彼との会話の中で、高技能移民と数学者の話題が持ち上がった。私は数年前に聞いたあの話を思い出し、ドランもその時の状況をよく知っていたことが分かった。同じように影響を被った知り合いが彼にもいたのだ。彼との会話が終わるころには、この問題は調べる価値があるとはっきり悟った。

アメリカ数学会には、世界中のあらゆる数学者が発表したすべての論文を記録したアーカイブ・データがあることをすぐに知った。つまり、ソ連発のサプライショックの前後における、米国人数学者の業績を追跡することができたのだ。我々はそのデータにアクセスする許可を得て、サプライショックが米国人数学者の二つのグループに与えた影響を調べた。微分方程式など「ソ連が得意としている分野」を専門にしているグループと、統計学など「米国が得意としている分野」を専門にしているグループだ。[9]

米国が得意な分野で研究している米国人数学者に対しては、サプライショックによる波及効果はほとんどないはずだ。長く隔離されていた時代に、ソ連の数学者はそうした分野でほとんど研究を行っていなかったからだ。だが、ソ連が得意な分野で研究している米国人数学者の生産性にはプラスの効果を与えた可能性がある。ソ連の数学者はそれらの分野で〔証明の際に駆使できる〕多くのツールを開発しており、そのツールを今では米国人数学者が使えるようになったのだ。

ニューヨーク・タイムズの記事が指摘したように、実際にどうなるかを予測するのは容易ではない。微分方程式の分野を研究する米国人数学者は以前は知らなかったことをソ連の数学者から教えてもらうことで、彼らの生産性が向上するかもしれない。一方で、その同じ米国人数学者はアカデミックポストと論文の掲載をめぐってソ連から来た数学者と競争することになる。サプライショックが大きすぎれば、「標的となる」米国人数学者は論文発表につながる研究をするために必要なアカデミックポストを得ることが難しくなるかもしれない。

図8.2　米国人数学者とソ連の崩壊

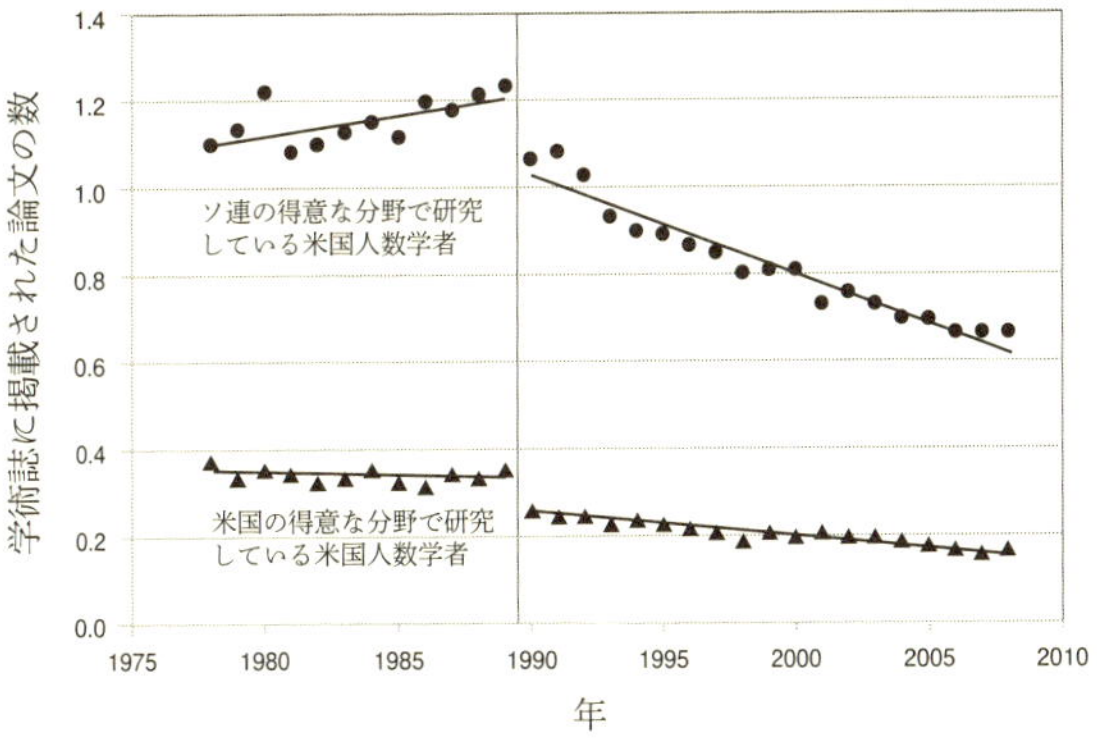

Source: George J. Borjas and Kirk B. Doran, “The Collapse of the Soviet Union and the Productivity of American Mathematicians,” *Quarterly Journal of Economics* 127 (2012): 1172.

図8・2は実際に何が起きたのかを表している。一九九〇年までは、（ソ連が得意な分野で研究する）最も影響を受けた米国人数学者が毎年発表した論文の数はわずかに増加傾向にあった。一方、（米国が得意な分野で研究する）最も影響の少なかった米国人数学者の論文の数はわずかに減少傾向にあった。ところが一九九〇年以降、ソ連の数学者と最も近い研究をしていたグループの論文数は著しく減少する。つまり、ソ連からの移民と真っ向から競争することになった米国人数学者は、彼らに敗北したのだ。

アカデミックポストの市場の裏側を知れば、どうしてこうなったのかが分かる。一九九〇年代は、米国における数学の研究職の数はほぼ横ばいだった。そのため極めて優秀なソ連の数学者の参入により、新米の数学者やテニュア〔終身雇用の資格〕を取っていない教授はポストから締め出された。ポストを奪われた多くの米国人数学者は、ランクの低い機関に移るか、完全にアカデミックの世界から退場することになった。そうした動きを受けて、彼らは論文の発表につながるような研究に従事することが難しくなった。授業の負担が増えたり、ウォール街の「クオンツ」など民間の仕事では、論文として発表できる定理を解くために使える時間が限られているからだ。アカデミックの市場では、業績に空白期間のある研究者がアカデミックトラックに戻ることは非常に難しく、多くの米国人数学者にとってサプライショックの負の影響はいつまでも続くことになる。

ソ連発のサプライショックの影響の大きさを見れば、移民の影響を計る上で技能グループの定義の仕方が重要であるという大切な教訓を再認識させられる。前章で確認したように、異なるタイプの労働者を大きなグループにひとまとめにしてしまうと、サプライショックが標的集団に与えた影響が見えにくくなる。もしそれぞれの数学者が異なった分野の研究をしているという事実を無視し、すべての数学者を一つのグループにまとめていれば、ソ連からの移民が彼らに与えた影響はもっと分かりにくかっただろう。サプライショックは極めて特定された労働者集団だけに集中的に影響を与えるケースが多く、（たとえ学界の通説を守る目的であっても）様々なタイプの労働者をひとくくりにして扱うことは間違っている。

H―1Bプログラム

米国ではH―1Bビザというプログラムがあり、「専門職」に就いている高技能移民に対しては一時的な居住を許可している。対象となるのは通常、科学、工学、コンピュータ関連の分野における専門的な知識が要求される職業だ。このビザが支給される対象は全員がコンピュータプログラマーというわけではないが、主にハイテク産業への影響が大きいと考えられている。

H―1Bビザの発行数には上限がある。その数は年によって変わってきたが、二〇〇四年以降に発行されたのは年間で六万五千ビザだった。その上限を増やすかどうかが主に議論されており、プログラムの支持者の中には上限をいっさい設けるべきではないという人もいる。高技能移民は米国人の生産性にもプラスの波及効果があるというのが、プログラムの拡大を訴える支持派の常套句だ。例えば、ビル・ゲイツは連邦議会に招かれたとき、マイクロソフトではH―1Bビザの保有者が一人採用されれば、四つの新たな雇用が生まれると証言した。[10]

H―1Bビザが有益だという主張は、ハイテク産業の労働者のイノベーションと雇用をいくつかの都市で比較した研究を主に根拠にしている。その中でも、経済学者のウィリアム・カーとウィリアム・リンカーンが行った研究が最も有名だ。彼らはH―1Bビザの保有者が極めて限られた都市に集中していることに気付いた。例えば、二〇〇一年から二〇〇二年にかけて、サンフランシスコ地区の被雇用者の中にはヒューストンの二倍のビザ申請者がいたのだ。[11]

ビザ発行の上限数が引き上げられたあとの各都市の状況を比較すると、（サンフランシスコのように）H―1Bビザの申請が多いと予想される企業がある都市では特許取得の数が増えた。興味深いことに、インド人や中国人の名字を持つ人が取得した特許の数が増えていた。つまり、プラスの波及効果を受けた米国人労働者からではなく、H―1Bビザを持つ労働者自身の創造力からこうした新たな特許は発明されたのだ。

都市間比較のアプローチを使ったその後の研究では、H―1Bプログラムがイノベーションにもたらすさらに強力な影響が報告された。H―1Bビザの保有者がある地域で働くようになれば、その地域で働く米国人の特許取得も増えるというのだ。ある記事ではこうした前向きな発見を次のように解釈している。「外国人労働者がイノベーションを持ち込むことで、新たな発明が触発され、より多くの雇用やより高い賃金にもつながる」[12]。

ところが、こうした都市間比較の研究の一部で報告された証拠は信用できるものではない。例えばある有名な研究では、労働者の数が一割増えれば、大卒者の収入が八割増えるという驚愕の計算をしている。[13]言い換えれば、議会がH―1Bビザをさらに千五百万人の外国人に支給すれば、米国人の大卒者の収入が約二倍になるというのだ。こんな主張を真に受けるのは、H―1Bビザのプログラムに利害関係のある人、かなりだまされやすい人、イデオロギーで盲目になっている人だけだ。

こうした比較調査の問題点は容易に説明できる。H―1Bビザの各都市への支給は無作為ではない。新しいH―1Bビザは、すでに保有者の多い都市に支給される可能性が高い。なぜなら、シリコンバレーやボストンのルート一二八などハイテク産業が盛んな特定の地域には、それなりの理由があるからだ。つまり、相関関係は因果関係を意味しない。H―1Bビザの保有者が多い地域で米国人の特許取得が多いのは、単にH―1Bビザの保有者がその産業が「盛んな」都市に行くことを示しているだけで、米国人はいずれにせよ特許を発明していたかもしれない。ビザの保有者が米国人の同僚の創造性を刺激したことを示していたわけではないかもしれないのだ。

H―1Bビザプログラムに関しては、ビザ発行の当落を決めるくじ引きの結果を調べた研究があり、これまでで最も説得力のある研究内容となっている。[14]ビザは発行数の上限に達するまで、企業が先着順で申請できるような仕組みになっている。一年のうちにビザが上限まで支給された日があるが、そうした日には企業は上限よりも多い数の申請を出していたことになる。例えば、五月二十六日の午前零時一分時点で二百三十八人分のビザの発行枠が残っているとする。企業がそれから二十四時間で、三百四十五人分のビザを申請した場合、国土安全保障省は三百四十五人の申請者のうち、誰にビザを支給するかをくじ引きで決めなければならない。つまり、ヘリコプターが気まぐれな旅に向けて離陸し、その数の不足しているビザを申請者に無作為に送り届けるのだ。
もし生産性に与えるプラスの波及効果が大きいのであれば、もしくはＨ―１Ｂビザの保有者が優れたイノベーターであれば、くじ引きで勝った企業はより多くの特許を取得し、雇用も増えるか安定していることが期待される。ところが実際は、そうしたことは起きなかった。特許取得の数が増えることはなく、米国人の雇用はむしろ減ったのだ。Ｈ―１Ｂビザの保有者が一人増えれば、米国人の労働者は一人減ることが実証されている。ただこうした結果が、ビザが発行上限に達する直前まで待つような企業は、最初の機会ですぐに申請を出すような企業とは異なるかもしれないからだ。
ニューヨーク・タイムズは二〇一五年、米国人労働者の締め出しがどのように起こり、いかに米国企業が同プログラムを乱用しているかを生々しく報じている。

ディズニーで働く約二百五十人の従業員は、いずれ解雇されると……告げられた。彼らの仕事の多くは、熟練の技術労働者向けに発行される短期就労ビザを持つ移民が代わりにやることになった。インドに本社を構えるアウトソーシング企業から派遣された移民だ。それから三カ月の間、ディズニーの従業員の一部は彼らの仕事を代わりにやることになる移民を指導するよう求められた。ある元従業員は「会社がほかの人を私たちのデスクに座らせて、全く同じ仕事をやらせるなんて本当に信じられなかった」と語った……「自分の仕事を奪う人を指導するなんて、本当に屈辱的だ。今でも納得できないよ」[15]。

Ｈ―１Ｂビザのプログラムがプラスの波及効果を持つという主張を裏付ける証拠は、少なくとも半分は当てにならないということだ。そうした波及効果があったと主張する研究は、H―1Bビザの保有者がハイテク産業が盛んで、米国人の特許取得が多い都市で働くようになることを証明しているだけかもしれないのだ。(ヘリコプターの寓話の状況に近づけるために)ビザが無作為に企業に割り当てられると何が起きるかを見た場合、イノベーションが増えたことはほとんど実証されず、米国人の仕事が奪われたことが実証されただけだ。高技能移民に対していくら甘い幻想を抱いたからといって、データがその期待を常に裏付けているわけではないという事実は覆せない。

高技能移民が米国人に大きな利益をもたらすのは、生産性にプラスの波及効果を与えるときだけ、つまり高技能移民の卓越した能力が米国人労働者に影響を与えたときだけだ。

高技能移民が卓越したスキルを持ち、影響を受ける側の人との個人的な関係が近いとき、そうした波及効果は最も強く裏付けられるようだ。ナチスによるユダヤ人科学者の解雇が、優秀な指導教官を失った学生の生産性に与えた影響がその典型的な例だ。

そうした極めてユニークな状況を除くと、高技能移民が自国民に与える波及効果を裏付ける証拠はかなり弱くなる。数百人のソ連の数学者が米国人の数学者コミュニティに加わった際にはおそらくプラスの波及効果があったはずだが、それでも供給と需要の法則がもたらすマイナスの効果の方が大きかった。ソ連の数学者のサプライショックを受けて、米国人の数学者は研究を追求できるような仕事を見つける、または維持するのが難しくなった。H―1Bビザのプログラムを使って毎年入国してくる六万五千人の移民の平均的なスキルは数学者よりもずいぶん低いが、彼らがもたらす波及効果も同じように確認できなかった。確認できたと自称する研究もあったが、その結果は調査のアプローチの仕方に左右された部分が大きい。

＊1　計算では移民と米国人が労働者としてクローン（コピー生物）であると想定している。もし両グループの生産性の違いを考慮に入れると、移民余剰は五百億ドル以下になる。

第九章　財政への影響

移民を労働者と見るのか、生身の人間と見るのか。私がこれまで何度も言ってきたこの二つの見方から生まれる概念的な対立は、移民が財政に与える影響を考えるときに最も如実に現れる。もし移民が単なる単純労働投入で、工場の生産ラインの一部として働いて、経済的な価値を生み出すためだけに米国に移住してきたのであれば、工場の出口の外での彼らの行動を心配する必要はなくなる。彼らは結局、ロボットのような労働者にすぎず、社会保障制度に影響を与えるニーズもなく、彼らの労働者としての価値がなくなれば、すぐに処分できる。

ところが実際は、移民は我々と同じ人間である。社会保障制度というのは移民を含めた我々から資金を集めて、我々のニーズを満たす制度だ。そうなると新たな大きな論点が生まれる。移民にも工場の出口の外での生活があるのだ。子供がいて、病院に行き、税金を払い、家賃を払えず、退職してしまう。工場の出口の外では、彼らも困難な時期を乗り越えるのを支援するために用意された様々な政府のプログラムを利用することになる。

こうした現実を踏まえれば、移民が財政に与える影響にまで懸念が及ぶのも不思議ではない。社会保障制度を構成するプログラムに伴う歳出に、移民はどのような影響を与えるのか？　移民が支払う税金や彼らが工場のラインで働く間に生み出す経済的利益と比べると、そうした歳出は多いのか少ないのか？

移民と社会保障制度の関係をめぐる懸念は、移民が入国する前からすでに始まっている。ある国の充実した社会保険制度に移民は惹きつけられると聞いたことがあるはずだ。米国を含めた多くの先進国のセーフティネットは、多くの発展途上国の一般的な仕事よりも快適で安全な生活を保障する。そうした理由から、ある国の社会保障制度は移住するつもりのなかった人まで惹きつけてしまう可能性が出てくる。さらに、セーフティネットの魅力は移住した後も効果が続く。米国で「失敗した」移民が、母国に戻ることを思いとどまらせるかもしれないのだ。

移民を惹きつける磁気効果を数値化することは非常に難しいことが分かっているが、あらゆる人生の選択において、インセンティブが重要であることに疑いの余地はない。社会保障制度は移住の決断に与えるインセンティブを変える働きがある。問題はそうした磁気効果があるのかどうかではなく、その力がどれほど大きいかだ。

ミルトン・フリードマンはそうした懸念をうまく表現した有名な警句を残している。彼は生粋の自由市場信奉者だが、「社会保障制度を充実させるということは、移民にもお金をかけるということになる。あまりに明らかなことだ」と述べた。[1] フリードマンは実際に、賢明な移民政策というのは社会保障制度を考慮に入れずには考えられないとまで力説していた。

リバタリアンの国家において、自由で開かれた移住というのが正しい政策であることは間違いない。ただ、福祉国家においては話が変わってくる。移民の供給が無限になるからだ。移住を許可するのは就労目的だけにするというあなたの提案は悪くないが、それだけでは問題は完全には解決しない。米国に住んでいる移民に対して社会保障給付を行わないこともセットでやらなければならない……例えば、分かりやすい目の前の現実的なケースとして、メキシコからの不法移民を見てほしい。メキシコから米国への移住は……いいことだ。不法移民にとってもいいことで、我が国にとってもいいことで、米国民にもいいことだ。だがそれは、彼らが不法移民である限り言えることだ(2)。

フリードマンが労働者と人間の極めて重要な違いを強調していることに注目してほしい。移住を許可されるのが就労目的の移民だけであれば素晴らしいが、「米国に住んでいる移民に対して社会保障給付を行わないこともセットでやらなければならない」と彼は言っている。フリードマンはこの点を強調するために、興味深いケースであるメキシコ人の書類不所持移民を取り上げた。書類不所持移民が社会保障給付を受けられないようにできれば、彼らが米国にもたらす経済的利益は「いいこと」だ。つまり、不法移民は不法な立場であるがゆえに、いい存在なのだ。

労働者と人間を区別する必要があるという事実に対してリバタリアンの一部は懸念を示し、そもそもの問題は移民ではなく、社会保障制度の存在自体だと主張し始めた。ケイトー研究所で所長を務めたウィリアム・ニスカナンは次のように述べている。「国境の周りに壁をつくるよりも、社会保障制度の周りに壁をつくった方がいい(3)」。

だが言うは易し、行うは難しだ。私がこの章でこれから紹介するデータが意味のあるものであれば、社会保障制度の周りに壁をつくっても、多くの移民が特定の国に入国するのを阻止することはできないようだ。壁の役割を果たす法令はすでに存在し、公共の負担になる可能性のある個人は入国許可できないと明記し、入国してから五年以内に公共の負担になった移民は強制追放できることになっているのだ。さらに、一九九六年に施行された社会保障制度改革により、新たに入国した移民の多くは連邦政府の援助を受けることが禁止され、彼らが米国市民になるまでそうした扱いは継続する（米国市民になるには少なくとも五年が必要だ)。

これから見るように、ミルトン・フリードマンが示した懸念には十分な根拠がある。移民が社会保障サービスを利用することはかなり制限されているものの、移民の家族は米国人の家族よりも高い割合でそうした支援を受けていることが実証されている。移民が社会保障サービスを受けていることは明らかである。そのため、移民がしかるべき負担をしているかどうかが争点となっている。支出を自分たちが支払う税金で賄うのであれば、彼らはサービスを受けてもいいのではないか。

移民が自分たちで社会保障制度の費用を賄っているかは、単純な計算をすれば分かる。まず、移民が払っている所得税や消費税、固定資産税などの税金を足し合わせる。それから、社会保障や公教育、警察、消防、追加の道路建設など、移民のための公共サービスにいくらかかっているかを計算する。当然、そのデータをめぐっては多くの異なる解釈が出てくる。あらゆる専門家が、異なる研究方法や前提条件を使って異なる結論を導き出し、意見を戦わせることになる。

CNNは二〇一四年に次のように報じている。

> 連邦議会予算事務局の報告書によると、……不法移民に合法な立場を認めれば、連邦政府の歳入が四百八十億ドル増える一方、公共サービスの利用コストも二百三十億ドル増える。トータルで見れば、連邦政府の財政に二百五十億ドルの増収効果をもたらすだろう。(4)

一方、アメリカ移民改革連盟は二〇一一年に次のように報告している。

不法移民のために米国の納税者は連邦政府、州政府、市役所を合わせて、年間で千百三十億ドルの負担を負っている。そのコストのほとんど、およそ八百四十億ドルを州と市が負っているのだ。[5]

長期的な財政への影響を試算するのはかなり難しい作業になる。米国人女性の出生率は〔人口を維持するのに必要な〕人口置換水準を大きく下回っており、社会保障制度やメディケア〔高齢者向け医療保険制度〕のようなプログラムの未積立債務を支払うことが不可能になっている。債務を処理するには、ある時点で保険料を大幅に引き上げるか支給額を大幅にカットするか（またはその両方を）しなければならない。移民は納税者の人数を増やし、将来の国民一人当たりの負担を引き下げることにつながる。つまり移民が財政に与える影響は、今後の経済成長率や税収、政府支出など現時点では不明確な多くの要因に左右されるのだ。

いろいろと複雑な要素は絡んでくるが、社会保障制度に関しては一つ単純な算術的事実を覚えておけばいい。社会保障制度は設計上、平均以下の所得しかない人に補助金を支給し、平均以上の所得のある人がその原資を払う仕組みになっている。つまり、社会保障制度は豊かな人から貧しい人に所得を再分配するのだ。

もし典型的な移民が高技能で、他人よりも労働市場での評価が高ければ、彼らは確実に社会保障制度の負担を負う側にいる。もし典型的な移民が低技能で、他人よりも評価が低ければ、移民は（負担と差し引きで）補助金を受け取る側になるだろう。単刀直入に言えば、低技能移民は米国人の税金を使う側になり、高技能移民は税収を増やす側になる。移民の議論においては、政治的要素が絡んだり、故意にややこしくすることで、この単純な「社会保障の鉄則」が忘れられることがよくある。

一　移民による社会保障サービスの利用

本書で繰り返してきたテーマは、移民についてこれまでいろいろなことが分かってきたが、どういった研究手法が取られてきたのか、その手法の仕組みに目を凝らすことが重要だということだ。これまで見てきたように、データがやや曲解されすぎて結論が信用できないケースがあれば、前提条件で結論が決まってしまうようなケースもある。

移民が社会保障制度に貢献する存在か、負担となる存在かを知る上で、調査の中身を具体的に見ることは特に重要になる。繰り返しになるが、どのデータが使われるか、どのようにデータが扱われるか、そして前提条件は何かによって結論は左右される。

複数の結論が出てきた場合、移民の支持者は都合のいい研究結果だけのいいとこ取りが可能になる。移民は社会保障を乱用し、国民の財政負担になると主張する研究があれば、移民は財政に寄与する存在で、米国人にとって利益があると主張する同じくらい説得力のある研究もある。自分の立場によって、そのどちらを引用するのか選べるのだ。

こうした両極端の見解が、公に入手できる同じデータから（とても単純なやり方で）いずれも裏付けられることがある。勉強のために、そのからくりをここでお見せしたい。人口動態調査は米国の人口を毎月調査している重要な調査で、国勢調査局が実施している。毎月第一金曜日に発表され、ニュースとして取り上げられる公式の失業率の計算にも使われる調査だ。

三月の調査が研究者にとっては特に重要だ。雇用と失業に関する毎月の調査に加え、三月の調査では前年の所得とメディケイドやフードスタンプ〔食料品割引券〕、現金給付などの公的扶助の利用についても問われる。一九九四年以降、同調査は対象者が外国生まれかどうかも報告している。この調査を使えば、およそ二十年にわたる移民と米国人の社会保障サービスの利用状況をまとめ、両者の推移を比較できる。

十年ごとの国勢調査と同じで、同調査のデータには国勢調査局がたまたま調査対象に選んだ外国生まれの人々が含まれていることを強調しておかなければならない。つまりここで掲載する統計には、書類不所持移民が利用した社会保障サービスも含まれるのだ。合法移民と書類不所持移民、どちらのグループがデータの推移に対して影響が大きいのかを確かめることはできない。

分かりやすくするために、「社会保障サービスを受けている」というのは、メディケイド、フードスタンプ、現金支給の三つのプログラムの受給者であることとする。[*1] 公営住宅や無料の学校給食など、ほかの多くのプログラムも社会保障サービスの一部と考えられる。こうしたプログラムを対象に含めれば、社会保障サービスを受けている米国人と移民の割合は明らかに高くなるが、セーフティネットを構成する三つの主要なプログラムだけを対象とすることで、論点はより見えやすくなる。我々が知りたいのは、社会保障サービスを受けている移民の割合は米国人の割合と比べて高いのか、それとも低いのかということだ。

図9・1の二つの「グラフ」は、人口動態調査を基に計算した過去二十年間の社会保障サービスの利用状況を表している。この二つのグラフの違いについては、今の段階では伏せておく。両方のグラフは人口動態調査の同じデータを使ったものであることを強調しておきたい。グラフ1では明らかに、移民は米国人よりも社会保障サービスの利用率が高く、その傾向は年数が経つにつれて強まっている。グラフ2では、両グループの社会保障サービスの利用率は同じだ。

改めて言わせてもらうが、両方のグラフは全く同じデータを使っているのだ。見方次第で、自分の

図9.1　社会保障サービス利用の推移(1994-2015年)

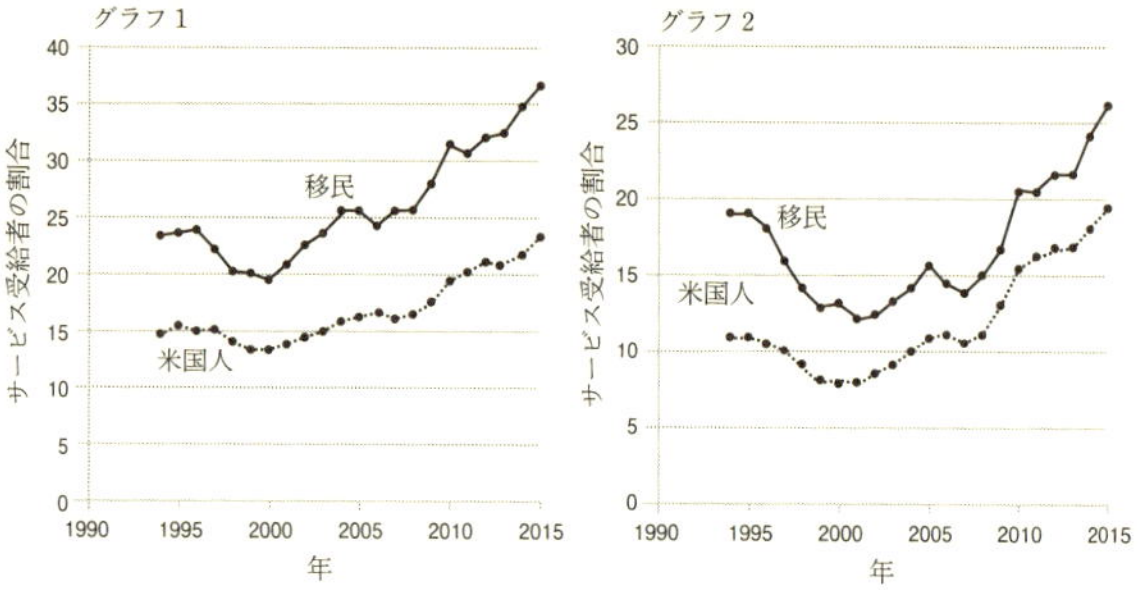

1994～2015年の3月の人口動態調査を基に著者が計算。

イデオロギーに合ったグラフを簡単に選ぶことができる。その上で、政府のデータによると移民は米国人よりも社会保障サービスを利用する割合が高く、その差は広がっていると主張することもできるし、移民と米国人では社会保障サービスの利用割合は変わらないと主張することもできる。このデータから言えないことは、米国人の方が移民より社会保障サービスを利用していることだけだ。

では、この二つのグラフの違いはどこから生じているのか？それはすべてただし書きに書いてある。グラフ1は、家計の社会保障サービスの利用状況を表している。ほとんどの社会科学の研究では、家計を使って社会保障サービスの利用を分析するのが通常のやり方だ。ほとんどの社会保障サービスの給付は家計単位で行われるからだ。例えば、あるシングルマザーの家族が生活保護を受給する資格を得るには、小さな子供がいることが条件になる。グラフ1は、人口動態調査のデータを使って家計の中の誰かがメディケイドかフードスタンプ、現金を受給していることを把握したものだ。

世帯主が外国生まれであれば移民の家計と見なし、世帯主が米国生まれであれば米国人の家計と見なす。世帯主が移民の家計では明らかに社会保障サービスを利用する割合が高く、米国人の家計と比べたその差は次第に大きくなっている。二〇一五年には三十七パーセントの移民の家計が社会保障サービスを利用しており、二十四パーセントとなっている米国人の家計を上回っている。

ところがグラフ2を見れば、そのような観測結果にはなっていない。グラフ2ではデータ対象が家計ではなく個人なのだ。つまり、ある特定の個人が社会保障サービスを利用したかどうかというのがこのグラフにおける質問なのだ。サービスを受けている個人の割合を計算すれば、移民と米国人の差はほとんどなくなる。二〇一五年にはいずれのグループでも二十五パーセントの個人が社会保障サービスを利用しているのだ。

なぜこのような結果になるのだろうか？　私はグラフ2をつくる際、ちょっとしたトリックを行った。仮に若い未婚の女性が米国に移住したとする。数年後に彼女は二人の子供を持つシングルマザーになった。グラフ1では、この三人のグループが移民の家計として分類される。母親の所得が十分に低い場合、子供たち（とおそらく母親自身）はある種の公的扶助を受ける資格がある。この家計は社会保障サービスを受けている移民の家計として一度だけカウントされる。

ところがグラフ2では、この三人の家計は三度カウントされることになる。この家計がメディケイドを利用している場合、一人の移民と二人の米国人がサービスの利用者としてカウントされることになるのだ。ここにトリックがある。子供たちは米国生まれであるため、米国人の側として費用対効果の計算にカウントされる。二つのグラフが示すように、このトリックを使えば、同じデータから導き出される結論に大きな違いが生まれる。改めて強調するが、ただし書きが重要なのだ！

私の意見を言わせてもらうと、グラフ2は役に立たず、誤解を招くものだ。移民を受け入れるかどうかは、彼らが何人の子供を生むのか、政府はその扶養家族が利用する社会保障サービスの原資を負担する必要があるかどうかなど、長期の影響を考慮して判断するべきである。そもそも移民を受け入れなければ、移民の親を持つ米国生まれの子供など存在しないし、彼らに対する社会保障の支出も生じない。

グラフ1とグラフ2の違いは純粋にアカデミックなもので、公の議論とは関係ないように思える。ところが、ウォール・ストリート・ジャーナルの編集委員会は二〇一五年、都合のいいデータを選ぶことでいかに傾倒するイデオロギーが擁護されるかを再認識させてくれた。

移民研究センターは先日、「移民による社会保障サービスの利用率が著しく高い」ことを発見した。ところが……彼らの調査では対象が個人ではない。ニュースの見出しになるような結果を得るために、彼らは調査対象を家計としなければならなかったのだ。移民の家計は米国人の家計よりも通常は大人数である。単純に計算すれば、家族のメンバーの数が多いほど、メンバーの誰かが政府から援助……を受ける確率も高まる。(6)

ウォール・ストリート・ジャーナルは、なぜ移民の家計の人数が多いのか尋ねていない。また、個人を対象とした計算になれば、家計の中の世帯主以外のメンバーの多くが米国人としてカウントされることも指摘していない。

驚くべきことに、データをめぐる問題はこれだけではない。図9・1の二つの異なるグラフにつながるような細かいデータ操作に加え、政治的な議論のやり取りで参照される多くの社会保障制度の統計には別の大きな問題がある。多くのそうした統計の基になっている人口動態統計は、移民か米国人かにかかわらず、社会保障サービスの利用割合を調べるデータとしては信頼できないことで有名なのだ。

同じく国勢調査局が手がける所得及びプログラム参加調査（ＳＩＰＰ）は、社会保障サービスの利用に関する「代表的な調査」だ。ＳＩＰＰはプログラムの利用をより正確に測ることを明確な目的としている一方、人口動態調査（ＣＰＳ）は歴史的には毎月の失業率を測るのが目的だ。ＳＩＰＰは社会保障サービスの利用に関して、より信頼できる数字を提供することが証明されている。[7]

表9.1　移民と米国人による社会保障サービスの利用（2012年）

	サービスを受けている家計（%）	
	CPSデータ	SIPPデータ
米国人	21.1	27.4
移民	32.5	45.8
人種と民族		
アジア人移民	20.0	30.5
黒人移民	33.5	47.2
ヒスパニック移民	44.7	61.9
ヒスパニックでない白人移民	21.4	30.9

2013年の人口動態調査と2012年の所得及びプログラム参加調査を基に著者が計算。

ところが、ＳＩＰＰはＣＰＳほど使い勝手が良くない。ＳＩＰＰのデータの方がＣＰＳよりも研究者にとってはデータの処理がはるかに難しい。その結果、移民による社会保障サービスの利用に関する研究の多くは、それほど信頼できるものではないが、はるかに使い勝手の良いＣＰＳのデータを利用することになる。

このように楽に研究しようとした結果、移民と米国人の社会保障サービスの利用状況の違いに関して、極めて誤解を招くような研究結果が生まれるのだ。表９・１はＣＰＳとＳＩＰＰの両方のデータを基に、二〇一二年における家計の社会保障サービスの利用割合を調べたものだ。一般的に使われているＣＰＳのデータを基にすると、移民も米国人も社会保障サービスの利用割合が実際より低くなり、その誤差は移民の方がはるかに大きい。ＳＩＰＰのデータによれば、移民の家計の四十六パーセント（およそ半分だ）が社会保障サービスを受給しており、米国人家計の二十七パーセントよりも高い数字となる。
あいにく、SIPPでは移民の出身国が報告されておらず、どの出身国のグループによるサービスの利用割合が一番高いのかは分からない。ただ、SIPPでは家計の世帯主がヒスパニックであるか、アジア系であるかは報告されており、明らかにヒスパニックの家計が移民のサービスの利用割合が高い主因となっている。SIPPによると、ヒスパニックの家計の六割以上が二〇一二年に社会保障サービスを利用している。アジア系やヒスパニック以外の白人の家計になると、利用割合はたった三割程度だ。

移民が米国人よりも社会保障サービスを利用する割合が高いのは目を引くものの、それほど驚くべきことではない。裕福な人から貧しい人への富の再分配という社会保障制度の鉄則を考えれば、社会保障サービスの利用者は労働市場で競争力の低い人々である傾向にあるのは分かる。移民の多くは低技能労働者に偏っているため、社会保障サービスの利用者の多くも外国生まれの人に偏るのだ。

実際に、移民の多くが社会保障サービスを利用する主な理由は、彼らが移民だからではなく、彼らが総じてスキルをあまり持たないことだと裏付ける証拠がたくさんある[8]。同じような教育レベルの移民と米国人との間で社会保障サービスの利用状況を単純に比較すると、二つのグループの差の半分は解消される。また、家計のメンバーの数と住んでいる州の違いも調整すれば、二つのグループの差の七割近くも解消されるのだ。つまり、移民の家計による社会保障サービスの利用割合が高い主な原因は、「移民である」こと自体ではない。そうではなく、移民の家計は特に経済基盤が脆弱で、政府のセーフティネットによって悲惨な生活をしないで済んでいるのだ。

驚くべきことは、移民は全体的に社会保障サービスを利用する割合がかなり高いことだ。四十六パーセントの移民の家計が何かしらの公的扶助を受けていることに関しては無関心ではいられないだろう。

二　米国科学アカデミー

社会保障制度を考えると、移民の経済的、政治的、文化的な影響に関する多くの疑問が生まれる。社会保障サービスの利用は長期的には移民の同化にどう影響するのか？　移民の政治参加にはどう影響するのか？　社会保障への依存が移民コミュニティのあり方にどのような影響を与えるのか？

総合的な評価をするにはこうした疑問に対する答えが重要になるが、移民をめぐる議論ではもっと単純で容易に答えられる疑問が中心的な議題となっている。移民は社会保障制度に関してきちんと相応の負担を負っているのか？　つまり、移民が払う税金は彼らが利用するサービスのコストを十分に賄っているのだろうか？

この疑問に対しては多くの答えがあり、それぞれ矛盾する内容となっている。つまり、我々は自分のイデオロギーに合った都合のいい答えをその中から選ぶことができるわけだ。こうした矛盾を解消する目的で、米国科学アカデミー（NAS）は一九九〇年代中盤に研究から得られた証拠の調査を依頼され、独自の試算を行った。移民は政府の財政に寄与するのか、負担となるのか？　NASの調査により、最終的な答えが確立されることが期待された。

NASは社会科学者（経済学者、社会学者、人口統計学者を含む）から構成される委員会を招集し、既存の証拠を検証し、調査方法を改良し、独自の答えを出した。一九九七年にNASが発表した報告書の試算は「広く社会に浸透」し、それ以降頻繁に引き合いに出されることとなった。

数十年後、NASは新たな委員会を招集して再び調査に乗り出し、試算の数値を更新した。[*2]　NAS

の結論が数十年の時間を経てどのように変わったのか。その変化は極めて示唆に富むものだ。二十年後に振り返ってみて、一九九七年に専門家が行った仕事の内容を後知恵で評価できる。過去の調査を振り返って得た教訓が、新しい委員会が発表した試算を解釈する上での貴重な基準点となる。

ＮＡＳが招集した委員会は、移民の財政への影響に関して短期と長期の試算を行った。短期の試算については簡単に説明できる。ある年における、ある州の住人を調べたとする。入手可能なデータを使い、その年に彼らが利用した社会保障サービスの費用を計算する。また所得に関するデータを使い、彼らがどれくらいの税金を納めたのか計算する。二つの計算から社会保障サービスの費用と税収の差額を計算することで最終的な答えを出すのだ。

一九九七年の報告書に盛り込んだ短期の予測ではこうした試算を行い、移民と米国人のそれぞれについて数字を出した。費用の計算には通常の社会保障サービスだけではなく、州政府や市が提供する公教育、ゴミ収集、刑務所、消防などのサービスの費用も含めた。カウントする税の対象も広範囲で、所得税、消費税、自動車税、酒税、固定資産税などを含んでいる。

一九九七年の委員会では、カリフォルニアとニュージャージー、二つの州で短期の影響の試算を行った。移民は米国人よりも納税額が少なく、より多くの社会保障サービスを受給していたという結果となったが、移民と米国人の収入格差、社会保障サービスの利用割合の違いを考えれば当然の結果と言える。つまり、移民は財政負担になっているという結果となった。特にカリフォルニア州では顕著で、同州では社会保障サービスが充実しており、多くの低技能移民が住んでいる。カリフォルニア州とニュージャージー州の結果から国全体を推定すると、移民が利用する社会保障サービスの原資として、米国人は一九九七年に一家計当たり年間三百ドル（二〇一五年の物価に調整している）支払った計算になる。(9)

移民の数が増えたことを考慮に入れれば、米国人は現在では一人当たり年間四百七十ドル支払っていることになる。[*3] 米国人の家計は一億六百万世帯に上ることから、国民の財政負担は年間で計五百億ドルに達する。二〇一六年にNASが招集した委員会の試算によると、一九九七年以降の州と市の社会保障サービスの拡充を考慮に入れれば、米国人の負担はさらに大きくなる。六百億ドルから千三百億ドルにもなるというのだ。[*4] 単刀直入に言って、短期的には移民は間違いなく米国人の財政的な負担となっている。

ある年の納税額と社会保障サービスの費用を比較する上で、二つの概念的な難しさがある。公教育などのサービスを移民に提供するのはその時点では大きな財政負担だが、一方で投資という側面も持っており、最終的には財政にプラスの影響をもたらすことになる。移民の子供たちがより高い収入を得るようになり、より多くの税金を納め、社会保障サービスの利用も少なくなるからだ。

また短期の試算では、次の事実を考慮に入れていない。国民の高齢化によって必然的に将来、財政的な問題が生じるが、移民はその問題を軽減するかもしれないのだ。米国における出生率の人口置換水準は女性一人当たり二・一人だが、米国人女性は平均して一・八人しか子供を生まない。(10) この差が長期的には、多くの社会保障プログラムの資金不足につながる。この問題を解決するには、給付額を大幅に削減するか、税率または保険料を大幅に引き上げるか、ほかの納税者を探し出すしかない。ヘリコプターから降りてくる数百万人の移民は、新たな納税者になるかもしれないのだ。

NASが招集した委員会は一九九七年には、ある特定の移民が移住から三百年後にどうなるかを追跡することで、移民の長期的な財政への影響を試算した。一人の移民がきょう移住してきたとして、これから何が起こるかを考えてみよう。まず政府にはいくらかの負担が生じる。時間が経つにつれて、その移民は経済的に同化し、納税額も増えていく。同様に重要なのは、その移民は子供を生むということだ。子供の教育は財政的な負担になるかもしれないが、彼らは最終的に税金を払い、社会保障サービスを利用しなくなる。移民の子供にも子供が生まれ、このプロセスが繰り返される。

表9・2が示すように、NASの委員会は三世紀というスパンで見れば、一人の移民を受け入れることで、差し引き合計で八万ドル(二〇一五年の物価水準で言えば十二万二千ドル)の利益がもたらされるという試算をはじき出した。短期的には財政負担になるものの、長期的な視点で言えば、移民は非常にお得な買い物というわけだ。その主な理由は、移民が増えるほど納税者が増えるからだ。「ベビーブーマーの高齢化や高齢者の医療費の高額化に伴う費用を負担する上で移民が果たす役割は、何よりも彼らが総じてプラスの影響を与える大きな要因となっている」[11]。

表9.2　平均的移民による長期の財政への影響（1997年NAS報告書）

期間	利益、もしくは損失
300 年間	+$80,000
25 年間	−$18,400
50 年間	+$11,200
300 年間、2016年以降の財政調整なし	−$15,000

Source: James P. Smith and Barry Edmonston, eds., *The New Americans: Economic, Demographic, and Fiscal Effects of Immigration* (Washington, DC: National Academy Press, 1997), 334, 337. すべての試算は1996年の物価水準に調整。

当然、この八万ドルという試算は当時のメディアで大きく取り上げられ、その後も数年間、様々なところで引用された。例えば、ブッシュ政権が書類不所持移民に対する恩赦を議会に承認してもらおうとした二〇〇七年、大統領経済諮問委員会はこの試算を掘り起こして次のように主張した。長期のアプローチは、移民の子孫がもたらすあらゆる費用と利益を考慮に入れている。もちろん、こうした試算は将来の税収や政府支出、経済成長と人口の推移などの前提条件に左右される。こうした長期的な観点から言えば、……移民（とその子孫）は財政にプラスの影響があり、一人の移民につき割引現在価値で平均八万ドルの影響があると試算されている。[12]

長期的な影響の試算の方が短期的な影響の試算よりも間違いなく意味合いが深い。ただ、経済諮問委員会が指摘しているように「こうした試算は前提条件に左右される」ことを忘れてはならない。これまで何度も見てきたように、計算の中身が重要なのだ。そしてこの試算においては、その中身はあまり美しいとは言えない。

八万ドルという長期の試算に関しては、二つの深刻な問題がある。第一の問題は明らかだ。長期とは具体的に何年のことを言うのか？　ＮＡＳの一九九七年の調査では、三百年という期間が選ばれた。三百年という時間軸が馬鹿げていることは、経済予測に非常に精通した人でなくても分かるだろう。来年の失業率の予測ですら怪しいのに、どうすれば三世紀にも及ぶ「税収や政府支出、経済成長と人口の推移」を予測できるのだろうか？

同委員会の信頼を損ねないように言わせてもらうと、同委員会ではより合理的な前提条件に基づいた予測も行っている。例えば、長期というのが二十五年の期間であれば八万ドルの利益ではなく一万八千ドルの損失になり、五十年という期間であれば一万千ドルの利益になる。当然、こうした予測はメディアや政治家からの注目を集めなかった。

長期的な影響を試算する上では、現在の米国の財政が持続可能ではないという事実とも向き合わなければならない。つまり、想定される「税収と政府支出の推移」に非常に大きく左右されるのだ。一九九七年の委員会では、次のような前提条件を設けて問題に対応した。

二〇一六年以降、政府債務の対GDP比率が二〇一六年の水準で維持されるように財政政策は遂行される。(13)

簡単な言葉で言うと、二〇一六年に（偶然だが本書が出版される年だ）連邦政府が給付額を大幅に削減するか、大幅な増税をするため、それ以降は政府債務の問題が悪化しないということのようだ。表9・2の最後の列が示すように、NASがこの前提条件を設けなければ、（三百年という期間で見ても）八万ドルの利益だったものが、一万五千ドルの損失に一転する。つまり、将来の増税と給付額削減という根拠のない前提条件を設けることにより、すでに高水準にある政府債務の一人当たりの返済負担が減るという理由から移民は長期的に利益をもたらすという結論が導き出されたのだ。この前提条件がなければ、移民とその子孫が払う税金は彼らが利用することになる追加的な政府支出をカバーできないだろう。

一九九七年の調査でNASが行ったことを振り返ることにより、いろいろなことを学べる。将来の税収や政府支出に関して設けた前提条件が、今でも有効かどうかを確認できるからだ。この機械的な試算から学界の通説は補強され、素晴らしいサウンドバイトができたものの、彼らの将来の予測は結果的には馬鹿げたほど間違っていた。移民が一人当たり八万ドル財政に寄与するという何度も吹聴されてきた「発見」は、ただの恣意的な希望的観測であるということが分かったのだ。

この教訓をしっかりと胸に刻みつつ、NASは二〇一六年により現実的な七十五年という期間を用いて複数のシナリオに基づく長期的な財政への影響を試算した。この新たな試算により、二つの前提条件の重要性が明らかになった。第一に、財政への影響はやはり将来の税収や政府支出の推移に敏感に左右される。第二に、移民が国防などの政府サービスの支出を増やす可能性を考慮に入れると、移民が財政に与える影響は大きく変わる。経済学者が言うように、多くの政府サービスは「公共財」だ。つまり、国民の数が一人増えても、サービスの費用は変わらない。例えば、既存の軍事的インフラは特に追加的費用をかけなくても、新しく移住してきた移民一人を確実に守ってくれる。ところがもし四千万人以上の移民を受け入れるとなれば話が変わる。公共財のコストが変わらないとは思えない。*5

表9.3　平均的移民による長期の財政への影響（2016年NAS報告書）

移民は公共財のコストを	利益もしくは損失　CBOが予測した税収と政府支出の推移を仮定	現在の税収と政府支出の推移が将来も続くと仮定
増やさない	+$58,000	−$36,000
増やす	−$5,000	−$119,000

Source: Francine D. Blau and Christopher Mackie, eds., *The Economic and Fiscal Consequences of Immigration* (Washington, DC): National Academy Press, 2016), Table 8-11.

表9・3に複数のシナリオを考慮した試算結果をまとめてある。移民も米国人と同じくらい一人当たりの公共財のコストがかかるというシナリオと、今後の税収と政府支出が連邦議会予算事務局（CBO）が財政予測で用いた「推移」をたどるというシナリオの二つだ。移民には公共財の追加コストがかからず、加えてCBOが予測するように税収が将来的に上がる（もしくは給付額が削減される）というシナリオにおいてのみ、移民は財政的にプラスとなる。それ以外のシナリオでは財政的にマイナスであり、五万八千ドルという利益が最大で十一万九千ドルの損失に転じる可能性がある。*6

「今後の税収と政府支出の推移」に関しては恣意的な前提条件を置くのではなく、CBOがはじき出した今後七十五年間の財政予測など、より洗練された専門家の予測を使う方が好ましいように思えるかもしれない。表面上は、財政問題に関する専門家のお墨付きが与えられたような感じになる。ただ、CBOの予測も頻繁に間違えるということを肝に命じておかなければならない。非常に短期的な予測ですら大きく間違えることもあるのだ。オバマケアの保険プログラムへの加入者に関する二〇一五年十月十九日付の記事は、専門家がいかに間違えるのかを端的に表している。

オバマ政権は、健常者に保険プログラムに加入してもらうことに苦労している……先週木曜日、同政権は二〇一六年の加入者数がCBOが三月に予測した人数の半分以下になるとの予測を出した。(14)

CBOが二〇一五年三月時点で七カ月後に何が起こるのかをうまく予測できなかったということは、それほど信頼できないということだ。CBOが行った今後七十五年の税収と政府支出に関する財政予測の計算も、ほかの恣意的な前提条件に基づいた計算と有用性では大差ない。そう思っても決してシニカルとは言えないだろう。

表9・3にまとめたそれぞれのシナリオでは大きなマイナスの数字と大きなプラスの数字が出てきたが、決して「本来の」影響がその中間のゼロ付近になるということを示唆しているわけではない。そうではなく、我々がいかに無知かを反映しているにすぎない。我々は単純にどのシナリオが最も現実的か、税収と政府支出が二十一世紀の残りの期間どのように推移するのか、移民が急増すれば公共財への支出がどう変わるのかを知らないだけなのだ。

最後に当たり前のことを強調しておきたい。計算のやり方をうまく操作して、大きな財政黒字や財政赤字の予測をはじき出すのはとても簡単なのだ。例えば、移民が増えることで彼らが利用する公共財の費用が余計にかかると想定すれば、巨額の財政赤字を計上することが容易に可能となる。また、想定される税収や政府支出の推移を変えることで、巨額の財政黒字を計上することも同じくらい容易なのだ。

私の個人的な意見だが、このような操作を使って最終結果が敏感に左右されるということは（意見が激しく対立する移民をめぐる議論においては、こうした操作をすることは極めて魅力的だ）、こうした計算自体が役に立たないということだ。移民の流入がどのように公共財の支出に影響を与えるのかに関して、我々はほとんど手がかりを持っていない。そして税収や政府支出が今後どう推移するのかに関しては、我々は全く手がかりを持っていないのだから。

三　最後に……

最も信頼性の高い移民余剰（移民が米国の生産活動に参加することによって増える米国人の富）の値は、年間でおよそ五百億ドルだ。あくまで経済的影響に焦点を当て、財政面も考慮に入れた場合、最も重要となる最終的な数字は変わってくる。もし移民が利用する社会保障サービスの支出額以上の税金を納め、財政にプラスに寄与するのであれば、五百億ドルという移民余剰は増えることになる。長期的な試算で用いたシナリオの一部を信頼するならば、移民余剰は大幅に増えることになる。逆に、もし移民が（短期の予測ではそうなるように）財政面で負担になる存在であれば、移民余剰は大幅に縮小し、ゼロ近傍に下がるかマイナスになる可能性もある。

短期的な財政への影響について最も保守的な予測を採用すれば、移民によって生じる財政負担は五百億ドルの余剰を完全に相殺し、彼らは米国人が享受する「経済のパイ」の規模にほとんど影響を与えない。長期的には財政への影響は恣意的な前提条件に大きく左右されるため、費用対効果の計算として使うほど頼りになるものではない。つまり、最も信頼できる証拠によれば、移民が経済に与える影響は差し引きでゼロだと結論づけてもあながち間違いではない。

この結論は、移民は我々全員にとっていいという学界の通説に反する。移民は一般的な米国人にとってはマイナスの存在だという主張とも相容れない。そうではなく、現実はもっと微妙で複雑なものだ。現実には存在しない平均的な国民というのは影響を受けないかもしれないが、移民は多くの勝者と敗者をつくり出す。（米国人が享受する経済のパイの大きさがそれほど変わらない経済における）この富の再分配こそが、私が数十年に及ぶ移民経済学の研究から学んだ最も重要な視点だ。結局、移民とは政府の富の再分配政策の一種にすぎないのだ。移民をめぐる議論において、あるグループはどうして彼らが主張する立場に立っているのか。この教訓こそが、その理由を知る上で大きな手がかりとなる。

＊1　現金給付には貧困家庭一時扶助、補足的所得保障、困窮者に市や郡から支給される「一般的な」扶助が含まれる。

＊2　事実をすべて開示すると、私はこの全米科学アカデミーの両委員会のメンバーだった。

＊3　一九九六年時点で移民の世帯数は九百九十万、米国人の世帯数は八千九百七十万だった。移民が米国人世帯に対して一世帯当たり三百ドルの負担を与えるということは、総負担は二百六十九億ドルに上る計算になる。二〇一五年には移民の世帯数は千八百四十万、米国人の世帯数は一億六十三万だった。移民人口が増えたことで、米国人一世帯当たりの負担は四百七十ドルに、総負担は五百億ドルに増えたことになる。

＊4　もし移民が連邦政府の支出に対しても相応の負担をするとした場合、［その不足分によって］米国人が被る財政負担の総額はかなり（おそらく三千億ドルまで）増加すると二〇一六年の委員会は試算している。Francine

D. Blau and Christopher Mackie, eds., *The Economic and Fiscal Consequences of Immigration* (Washington, DC: National Academies Press, 2016), Tables 9-12a and 8-2.

＊5　一九九七年のＮＡＳの調査では、移民は公共財のコストを増やすことはないと想定している。

＊6　委員会では教育レベルの異なるグループそれぞれについて、財政に与える影響を試算している。いずれのシナリオでも、高校中退者の移民を受け入れることは財政的にはマイナスで、大卒の移民を受け入れることは財政的にはプラスという結果になる。

第十章　いったい誰の肩を持つの？

本書もこれで最後の章だ。そろそろ次の質問をするころだろう。結局、これまでの議論を総括すると何が言えるのか？　どういった教訓を我々はこれまで学んできたのか？　それらは信頼できる教訓なのか？　またそれらの教訓は、我々がこれから実行すべき移民政策について何を示唆するのか？

私は本書を通じて、三つの基本的なテーマを強調してきた。移民政策の議論に資するような示唆に富む教訓をよく考える上で、これらのテーマを忘れないように改めてここで見直しておくことは悪いことではない。

まず第一に、移民がどういった存在かについては対立する二つの見方があり、そのうちの一つは明らかに間違っている。移民は単なる労働投入、つまりロボットのような労働者ではないのだ。人気の製品を製造する組み立て工程の中のあらかじめ決まったポジションを埋めるために、移住してきたわけではない。より多くの製品を製造することが人生の唯一の役割で、工場の出口を出た途端、もしくは生産者としての価値がなくなった途端、どういうわけか社会からきれいさっぱり消えていなくなるわけでもない。受け入れ国の社会的、政治的、文化的な側面に影響を与えることのない存在ではないのだ。

［スイスの作家である］マックス・フリッシュが賢明に述べたように、移民は人間である。そして人間は選択をし、彼らの選択は多くの意図せざる結果をもたらす。現実世界の人間は自らの意志で移住す

るかどうか決断し、移住してくる人々は受け入れ国が求めているようなタイプの人々ではないかもしれない。移民は新たな環境にいかにして適応するかを自ら選択し、彼らの選択は彼らや彼らの子供たちが新しい社会に同化するかどうかを左右する。移民には工場の外での生活があり、彼らの工場の外での生活が社会にプラスの影響を与えることもあれば、マイナスの影響を与えることもある。そして移民は受け入れ国の社会的、経済的な土台を様々な面で（多くの場合は予期せぬやり方で）変える。

第二に、移民の経済効果に関して多くの実証研究があるが、それらは将来の移民の流入がどのような影響をもたらすかを予測する上で役に立つ単純な公式を与えてくれるわけではない。移民をロボットのような労働者と見なさず人間として見たとき、社会で何が起こるかは移民を受け入れる地域の政治的、文化的、経済的な環境に左右されるということを、我々は認めなければならない。

移民の行動を決める要素（移住する動機、新しい社会に同化する動機など）は時代と場所で変遷するため、過去の特定の移民の増加がもたらした影響は別の状況では必ずしも再現されるものではない。時代と場所が変わると、過去の出来事は将来に何が起こるかを予測する上でほとんど役に立たない。こうした考え方は、一般的に見過ごされてきた。二十世紀初頭に米国に移住してきた移民が社会にもたらした影響が、異なる時代や国における移住（一九六〇年代のトルコ人のドイツへの移住、今日の米国への大規模移住、私が本書を書き終わるころに起きているシリア難民の欧州への移住）の影響を予測する上で有用だと考えることは馬鹿げたことだ。

最後に、移民のように政治的な論争の対象になる問題に対する専門家の意見には、懐疑的になる方が賢明だ。移民受け入れは「我々全員にとっていいことだ」という学界の通説は影響力が強いため、具体的にどのようにして移民の影響に関してある結論が導き出されたのか、細部まで注意深く調べることは必要不可欠だ。

あいにくそうした細部はわかりにくい技術的な議論が隠れみのになっていることがよくあり、多くの専門家ではない人々にとって自力で調べるのは困難だ。私がこれまで度々、背後にある細部を明らかにしてきたのはそうした理由からだ。細部が重要だということは大切な教訓だ。一つの前提条件や一つのデータ操作が異なる結果を生み出す。その研究が示唆する結論に影響を与えるほど大きな違いを生み出すこともよくある。移民が受け入れ国にもたらす影響の評価やこれから何が起こるかの見通しは、概念的な前提条件の選択や統計的な操作に本質的に左右される。特に特定のイデオロギーを帯びた通説を後押ししたいという誘惑が存在するとき、我々はそうした前提条件の選択やデータ操作について然るべき疑いを持って扱わなければならない。

これまでの研究成果を述べる前に、次の点をまず指摘させてほしい。私は本書の冒頭で、いくつかの個人的な環境が紆余曲折を経て私の移民に対する専門的な興味につながったことを述べた。移民研究の現場における私の仕事は、いくつかの逆説を生み出した。多くの読者はそのことに気付いて、不思議に思ったかもしれない。まず第一の謎について説明させてほしい。ポール・コリアーが述べたように、社会科学者は「あらゆる手段を駆使して」移民の受け入れは我々全員にとっていいことだという政治的に正しい通説を作り出そうとしてきた。私はこれまで、そうしたタイプの強引な手段を使ったことはない。にもかかわらず、私はこの分野で素晴らしいキャリアを積み重ねることができた。

なぜ私がうまくやり過ごすことができたのかというと、私の主要な移民に関する研究論文で扱った問題（移民の同化の進捗の測定方法、労働市場に対する影響の測定方法、受け入れ国の国民が受けた経済的な利益の測定方法など）は、移民をめぐる議論を阻害していたイデオロギーと直接かかわらないものだからだ。つまり、私が書いた論文は手法に関する論文であり、移民がもたらす変化を測定する手法につきまとう具体的な問題を解決するような、技術的な貢献をもたらす論文だったのだ。

私の論文が示唆した多くの結論は、学界の通説を裏付ける内容ではないため、無視されるかもしれないものだった。ただ私の研究が導き出した結論は、ありのままに受け入れる必要のある内容だった。というのも、主流の経済学の世界で広く使われている理論や統計手法から容易に導き出せる結論だったからだ。良くも悪くも、私の研究のほとんどは標準的な手法から逸脱しないもので、それは経済学者が普段から労働市場について考え、労働市場における変化を測定してきた手法だった。

私が移民について真剣に研究するようになってから、およそ三十年が経過した。これまでの研究成果から、どういった考えが導き出せるのだろうか？ 今後の移民政策について考える際に、私が最も有用だと思う考えはどれだろうか？ 以下に箇条書きする。

・誰もが米国に移住したいわけではない。移住を決断した人々は、自国に残ることを決めた人々とは根本的に異なる。決断の背景や理由は、地域や国によって極めて多種多様だ。米国での稼ぎがいい場合、海外の高技能人材は米国に惹きつけられるが、彼らは自国でより良い待遇を得られる場合、自国に残る。それぞれの国で移住を希望する人々のタイプは異なり（また、彼らの持つスキルは必ずしも米国で通用するわけではない）、そうしたことが移民グループ間の大きな経済格差の背景にある。

・すべての移民が受け入れ国で同化するわけではない。いかに早く経済的に同化できる（移民と受け入れ国の国民の間の収入格差が解消する）かは、それぞれの国の環境に大きく左右される。環境が経済的な同化を早める場合もあれば、遅らせる場合もある。実際、今日の移民の経済的な同化は、二十年前や三十年前の移民よりもかなり遅い。ただこうした傾向の裏には、移民グループによって同化の速度が異なるという事実が隠れている。急速に収入格差を縮めるグループもあれば、そうではないグループもある。典型的な例としては、高技能のグループや同じ民族同士が集まる大きく活気のある民族居住地区を持たないグループは、経済的な同化が早い。

・エリス島の時代の移民の子孫の経験では、人種のるつぼ〔多種多様な人種、民族が混在して暮らす状態〕が異なる民族グループ間における収入格差を縮める役割を果たしたが、それにはおよそ一世紀の期間がかかった。今日の移民の子供はより高い給与を稼ぎ、両親と比べると民族間の格差も見られないため、近年大規模に移住してきた移民の間でも同様のプロセスが起き始めているのかもしれない。ただ、これからの数十年間に物事がどう転ぶかは本当に分からない。二十世紀を通して人種のるつぼに経済的な活況をもたらした状況が、二十一世紀では変わってくるかもしれないからだ。

・移民は受け入れ国の国民の雇用機会に影響を与える。需要と供給の法則は、ガスの価格と同様に労働者の賃金にも当てはまる。過去のデータによると、ある特定の技術を持つ労働者グループの人数が一割増えた場合、そのグループの労働者の賃金は三パーセント以上も下落する。ただこうした論争の対象になる事象を調べる場合、前提条件を弄んだり、データを操作する誘引が強い。報告される研究結果は、そうした前提条件やデータ操作に大きく左右されることがよくある。研究手法を注意深く見ることで、一つの教訓が浮かび上がった。グループ分けが大雑把になるほど、移民の影響を受けた特定の労働者グループが埋もれてしまい、移民が誰かを貧しくしたのかどうかが立証しづらくなる。調査対象となる労働者グループがより明確で絞り込まれるほど、移民がそのグループに影響を与えたかどうかは明確になる。

・移民が労働人口に加わることで、富は移民と競合する立場にある労働者から移民を使う側の経営者に移転される。ただ、経営者が享受する利益は労働者が失う損失を上回るため、移民は「移民余剰」を生み出す。つまり、受け入れ国の国民の全体の富は純増する。ただ移民余剰は小さく、年間でおよそ五百億ドル程度だ。一方で同じ分析結果によると、五千億ドルの富が労働者から企業に移転する。仮に多くの極めて優秀な移民が移住してきた場合、また移民が持ち込んだ類稀な能力やアイデアが受け入れ国の労働者にも伝播した場合、移民余剰はさらに大きくなる。

・受け入れ国が福祉国家である場合、移民余剰となる利益は移民による社会保障サービスの利用に伴う損失で相殺される可能性がある。移民が受け入れ国の国民よりもそうしたサービスを利用しがちであることはほぼ間違いないことで、移民は短期的には財政負担となる。ただ長い目で見れば、移民は財政面でプラスの存在かもしれない。社会保障制度やメディケア〔高齢者向け医療保険制度〕は債務の積み立てが不足し、持続不能な状況であり、税収の大きな伸びか給付の大幅な削減が必要とされる。移民は納税者となり、税負担を緩和するかもしれない。ただ、多くは想定される将来の税収や政府支出の推移に左右されるため、移民がもたらす長期的な財政上の利益を推定することは極めて困難だ。

・少なくとも短期的には、移民余剰による経済的な利益は移民に給付される社会保障サービスの財政負担により相殺されると言ってもおそらく暴論ではない。過去数十年間に米国に移住してきた外国人の規模や技能水準を考えると、移民の経済的な影響は均せばせいぜい差し引きゼロだ。ただその裏では、莫大な富が労働者から企業に移転している。

・開国すれば移民が多大な経済的利益をもたらすと主張するのは、移民を人間ではなく単なる労働者と見ているからにすぎない。開国支持者が主張する移民がもたらす数兆ドルに上る経済的利益は、移民が受け入れ国の社会的、政治的、経済的な側面に負の影響をもたらす場合、容易に相殺される（経済的な大損失にもなりうる）。開国による影響は、移民が労働力や生産性のあるスキルを持ち込むかどうかだけではなく、貧しい自国の発展を阻害してきたかもしれない制度的、文化的、政治的な慣習を彼らが持ち込むかどうかにも左右される。

社会科学者、なかでも経済学者は特に、社会政策を「科学的に」決める上での拠り所となる根拠として、数式モデルと実証研究の成果が提供できることを多くの人に受け入れてもらうことに成功してきた。別の言い方をすれば、すべての専門家の数式モデルと統計分析が世の中はXのようであると示しているならば、Yという政策は正しい政策であるはずだということになる。我々の研究成果がこうした値打ちを持つことを、社会科学分野の研究者たちが世の中に納得させたことで、我々の研究に対する需要は増え、報酬も上がり、多くの素晴らしい視察旅行にも招待されるようになり、我々は自分たちの努力が評価され、報われていると感じることができた。

私は公共政策の研究でおそらく世界をリードするハーバード・ケネディスクールで過去二十年間、研究者として働いてきた。だが皮肉なことに、私は数式モデルと統計分析を根拠にすれば、社会政策が科学的に決まるという主張が全く馬鹿げていると感じるようになった。たとえ基礎となる事実について万人の同意があった場合でも、社会政策が科学的に決められることはない。イデオロギーと価値観が同様に重要なのだ。ある種の科学的な裏付けがあるかのように特定の政策目標を吹聴するのではなく、隠しようのない現実を率直に認めることが、移民のように政治的な対立を生み出す問題に関する議論をより偽りのない生産的なものにするだろう。

モデルとデータが純粋かつ技術的に社会政策を決定するという議論は、世の中の単純な事実を見過ごしている。政治家（と彼らを選んだ有権者）は、自分たちがしていることは実行すべき正しいことであると考え、ある特定の政策目標を追求することがよくあるのだ。

我々は何が正しいかについて異なる価値観や認識を持ち、その多くは個人的な過去の経験や人生の羅針盤となるイデオロギーに基づいている。移民が文化にもたらす多様性を根拠に、もっと多くの移民を受け入れるべきだと感じる人がいれば、さらに踏み込んで、より良い生活を求めて国境を越える権利を否定することは、道義に反すると主張する人もいる。一方で、あるタイプの移民はほかのタイプの移民よりもいいと主張し、そうしたタイプの移民を受け入れたいという人もいる。自国の特定の文化や慣習を今のまま保持しておきたいとの理由から、移民を大幅に削減するべきだと信じる人もいる。

ある人の立場から見れば、ほかの立場の人の議論はほとんど詭弁に聞こえ、見当違いで、事実として誤っており、道義に反するとして相手にされないこともよくある。しかし、まさにこうした理由のために政治プロセスが必要なのだ。国として我々が移民をどう扱うべきかについて、全員が同じ意見を持つことはない。ただ、「我々国民」は投票で代表者を選び、彼らは自分たちを選んでくれた有権者の政治目標を追求するのだ。

例えば、選挙で民主的に選ばれた政府が、海外援助を増やし、さらに米国での成功の機会を享受できるよう、世界中の多くの貧困者を移民として受け入れることで、世界の貧困を削減するという公約を掲げているとする。また、政治家はマウイ島への視察旅行の際に専門家に相談し、すべての専門家が移民の財政面での影響について同じ意見を持つとする。もちろん、政治的な対立のある研究分野において、科学的には決着しているというのはありえない前提条件だが、要点を分かりやすくするためにここではそうしておく。特に、低技能移民は財政的な負担になると仮定する。

貧しい移民集団が財政的な負担になると知ることで、民主的に選ばれた政府が彼らの公約を実行しないようになるだろうか？　その答えは、政府とその支持者が容易に受け入れられる「負担の水準」におそらく左右されるだろう。もし家計当たりの負担が年間で数百ドル程度であれば、数百万人の低技能移民を受け入れることが政治的に賢明な政策となるだろう。結局、政府は世界の貧困を削減するために大金をつぎ込むと公約したのだから。仮に財政負担が家計当たり数万ドルにもなれば、公約は再考されるであろうが、かなりの財政負担の範囲内でイデオロギーが事実を凌駕するだろう。この負担は、世界の貧困削減にイデオロギー的に傾倒している人々が喜んで支払う代償だ。最終的には、採用される政策は基礎的な事実とはほとんど関係がなく、背後にあるイデオロギーで決まるのだ。

専門家によるモデリングや統計分析は有用ではあるが、その影響は限られている。専門家は一人の低技能移民から生じる財政負担を、受け入れた低技能移民の数で掛け合わす計算ができる。別の言い方をすれば、数式モデルと統計は金銭的には有益ではないが少なくとも目に見えない形で一部の人々を幸福にするある特定の政治目標を追求するコストをはじき出してくれる。ただ最終的には、関連するモデルやデータが何を示そうが、何が正しいかについての異なる信念が異なる移民政策につながるのだ。

個人が得る利益と損失が各人でそれぞれ異なるとき、政策を選ぶのはいっそう難しくなる。これまで見てきた財政負担の文脈で言えば、受け入れ国の一部の家計が低技能移民がもたらすコストを大きく負担することになるのは容易に想像できる。個々人がどれほどの「痛み」を感じるかは、所得（所得税の累進課税の下では、裕福な家計はより重い財政負担を抱えることになる）や住む地域（公的扶助の一部は地方政府の財政から給付される）に左右される。

理想郷の世界では、新しい社会政策が提案されれば、誰もが恩恵を受けるだろう。新しい法律や規則は我々全員をより幸福にするため、我々はすぐにその計画に署名し、提案を受け入れるだろう。

そうではないと思いたいかもしれないが、あいにくほとんどの政策は万人の利益になるわけではない。あらゆる希望的観測や広く受け入れられている通説に反して、移民は勝者と敗者をつくる。あらゆる移民政策は暗に次のことを明らかにする。どれだけ我々が自国民よりも移民のことを考えているのか、そしていかに我々が国内のある特定のグループをほかのグループより気にかけているのかを。

この点について、できる限り単刀直入に言わせてもらう。結局、どういう移民政策を取るかは、次の質問に対する答えに左右されるのだ。いったい、あなたは誰の肩を持つのか？　数式モデルや統計分析は政策の提案を科学の体裁で飾るかもしれない。ただ、実際にどの政策が選択されるかは、ほかのグループが割りを食ってでも、あるグループは利益を得るべきだというイデオロギーを帯びた強い信念に主に左右されるのだ。

（財政負担を差し引きした上で）移民余剰を可能な限り最大にするということは、人々が魅力的だと思う移民政策の目標かもしれない。受け入れ国の人々を裕福にする政策を我々は実行するべきだという考え方だ。この目標は確かに、米国における過去の移民をめぐる議論の中で一つの柱となる考え方だった。移民が受け入れ国の人々にもたらす利益やコストを証明、もしくは反証する経済的議論は、これまで頻繁に繰り広げられてきた。

仮に我々の移民政策の目標が受け入れ国の国民を可能な限り裕福にすることであれば、経済学の分野で培われた研究成果からどのような政策を実行すればその目標を達成できるかが分かっている。高技能移民だけを受け入れればいいのだ。高技能移民は我々がすでに持っている生産資源をうまく活用できる。そしてもし高技能移民の多くが傑出した才能を持っていれば、我々もより生産的になり、移民余剰はさらに大きくなる。さらに財政面での負担を懸念する必要もなくなる。高技能移民は社会保障制度の費用を負担し、我々が高齢になるにつれて拡大する同制度の債務を一部肩代わりしてくれるだろう。その上喜ばしいことに、長い目で見れば高技能移民はより平等主義の社会の構築を後押しする。なぜなら彼らの移住により、国内の低技能労働者の賃金が下がることはないが、高技能労働者はより激しい労働市場での競争にさらされるようになるからだ。

ただあらゆる政策目標と同様に、この政策目標もある特定の価値観に基づいている。受け入れ国の国民が分け合う「経済のパイ」を可能な限り大きくすることが正しいという価値観だ。確かに多くの経済学者はこの政策目標のような思考回路を持っている。「効率」を追求すること、つまり富の総量を最大化する政策を取ることは、経済学の訓練を数年受ければほとんど体に染み込んだ習慣のようになる。ただ、移民余剰を最大化することこそが移民政策が成し遂げるべきことであるという考え方は、多くの人にとっては受け入れがたいと私は思う。私のように経済学に長くかかわってきた者でも、ただ徒らに効率を追求するだけでは、私が住みたいと思える世の中が創り出されることはないと強く感じるようになってきている。

もし大多数の有権者が本当にそうした政策目標を求めているのであれば、自国民だけが投票権を持つ議会制民主主義の下で選ばれた政治家は、すでにそのような移民政策を実行しているはずであることは想像にかたくない。ただ実際には、我々が選んだ政策はそうではない。どのような理由であれ、我々は低技能移民（合法にせよ違法にせよ）も高技能移民も受け入れる政策を取っている。

政策方針を転換して貧しい低技能移民の受け入れを減らし、より多くの高技能移民を受け入れれば、米国が経済的にさらに潤うことに疑いの余地はほとんどない。我々がこれまでそうした政策の変更をしてこなかったという事実は示唆に富んでおり、そうした「顕示選好」を無視すべきではない。

おそらく大所高所で考えると、様々な技能レベルの移民を受け入れることが理にかなっているのだ。移民政策のあるべき姿に関する二つの極論の中間点が、実際の政策に反映されているのかもしれない。移民政策は世界の多くの貧困者に生活水準を改善する機会を与え、多くの人々はそうしたことが根源的にはいいことだと考えている。そして同時に、様々な技能レベルの移民を受け入れれば、多くの経済的な利益を生み出し、財政コストを負担してくれる高技能労働者も同時に移住してくる。つまり、我々が実行している政策は、世界に貢献する一方で、少なくともある程度の金銭的利益を国にもたらしている。

様々な技能レベルの移民を受け入れる政策がはらむ問題は、逸失利益が生じるということではない。「我々国民」は、これまでそうした利益を自らの意志で諦めてきた。問題は、特定の技能グループや職業の労働者が大量に移住してくることによって生じる、国内の経済状況の変動や財政負担の増加に対応してこなかったことだ。つまり、現在の移民政策の問題は、移民がもたらす利益と損失が米国民全体で公正に共有されてこなかったことだ。もし移民余剰の試算を額面通りに受け止めれば、移民による敗者から勝者への富の移転はおよそ五千億ドルにも上る。

貿易の増加というグローバリゼーションの影響をもろに食らった一九七〇年代のデトロイトの自動車産業の労働者のように、教育水準の低い米国民は現在の移民政策は彼らにとって有益ではないことを良く分かっている。もし我々が低技能移民にアメリカン・ドリームの機会を与える政策を実行するのであれば、低技能移民がもたらす経済状況の変動から、多くの社会的マイノリティを含めた被害を受ける国民を擁護する方法も考えなければならない。

様々な技能レベルの移民を受け入れることで損失を被るのは、最底辺の労働者だけではない。高技能移民の受け入れにより被害を受けるグループもいる。H—1Bビザを持つ外国人と競合するプログラマやソ連の数学者の移住の影響を受けた米国人数学者のように、かなり限定された特定のグループだ。高技能外国人がこうした分野にいることで、その分野で将来イノベーションが起こる可能性が高まるかもしれないものの、彼らに仕事を奪われる人々や訓練を受けた後にその分野の職業に就くことができなくなる人々の不満の解決にはならない。

現実を直視しないで、国境沿いに壁を建設することで、低技能移民がもたらす財政負担などの問題を回避することができると主張するのはたやすい。実際は、そんな壁が建設されたことはなく、近い将来に建設されることもありそうにない。低技能移民は確かに財政負担となり、低技能移民が高い頻度で公的扶助を利用することは将来的には問題になるかもしれない。ただ理想の世界の中で、国境沿いに壁をつくることで、移民が社会保障サービスの充実した国に移住することを阻止できると空想するだけではこうした問題の解決にはならない。

移民は天国からの恵みのようなものであるとすべての人が納得するまで、「移民は我々全員にとっていい」というマントラを延々と繰り返すのも現実から目を逸らしている。あることが真実であると望み、多くの人がその望みが実現したと納得するような話をでっち上げても、それは真実にはならない。単純な質問をさせてほしい。四千万人以上の移民を受け入れることで米国に住むすべての国民がより裕福になったとして、我々はそれでも移民受け入れに関する議論を続けるだろうか？

政治的に正しい通説は間違っている。移民は我々全員にとっていいわけでは*ない*。我々全員の暮らしが良くなるという根拠のない主張をやめ、移民受け入れによる勝者と敗者がいることで浮上する問題に対処しようと努めることで、より良い解決策を考え出すことができるだろう。

より建設的な対応は、どのような移民政策を遂行するのかは事実ではなく、イデオロギーと価値観に左右されるということをはっきりと認めることだ。いったい、あなたは誰の肩を持つのか？

また、様々な技術レベルの移民を受け入れる現在の政策（もしくは将来、我々が実行する政策）が生み出す勝者と敗者を正確に特定することだ。誰が利益を得て、誰が損失を被るのかを見極めることで、損失を防ぐ方法や利益をより公正に分配する方法を考え出すことができるだろう。

そして、低技能移民を大規模に受け入れる一方、社会保障制度を維持することの明らかな矛盾を率直に認識することだ。社会保障を必要としない世の中という理想論的な考え方ではうまくいかない。社会保障制度はそう簡単にはなくならない。多くの低技能移民を受け入れたいという願望と、社会保障制度が生み出すインセンティブとのバランスをうまくとる必要がある。単なるお金の問題ではなく、社会保障制度は移民の家族が長期的にいかに経済的、政治的、社会的に受け入れ国に同化するかに影響を与えるかもしれないのだ。

また、労働者としての移民と人間としての移民の区別を常に心がけておくことだ。外国人の大規模な移住は、多くの意図せざる結果をもたらす。そこには私たちの知らないことがたくさんある。何はともあれ、この決定的な違いを意識しておくだけで、移民を短期間に大量に受け入れる政策を支持するという気にはならなくなるだろう。世界の秩序を根底から覆すような開国運動を熱心に推進したり、「抜本的な移民改革」という偽りの万能薬を主張する、ほとんど誰も読まず、誰も理解できない千ページに及ぶ法令を慌てて制定するようなことはなくなるのだ。移民の議論においては、慎重さが我々に強く求められる。

次に多くの読者がすでに気付いている二つ目の逆説について述べる。私自身は移民で、私はこの素晴らしい国で生活するという機会から多大な恩恵を受けた。それでも私は、移民が全員にとって有益だという考えには加担しない。不運なことに、移民というのは議論の参加者が善人と悪人にすぐに仕分けされる、意見の対立する問題の一つだ。「善」か「悪」かは、完全に個々人の見解による。私のこれまでの研究が移民の利益だけではなくコストも強調してきたというだけで、私は「移民懐疑派」、または単純に反移民派と色分けされてしまう。私のことを一九六二年にパンアメリカン航空の旅客機からマイアミの地に降り立った瞬間、米国の入国ゲートを閉鎖したいと考えるタイプの移民だと思う人もいると思う。

こうした反応を受けて、私はいつも悲しい思いをしてきた。全く事実ではないからだ。これまでに私は、夜の快眠を妨げる確実な方法が自分の研究成果についての論評を読むことだと学んだ。移民に関する政策論議に加わるたびに、我々の関心が経済的な利益のみにあると想定して、こうした提案が最良であるとできるだけ注意深く強調してきた。例えば、我々の望むことが受け入れ国の国民を裕福にすることのみであれば、低技能移民を受け入れることにほとんど理論的正当性はない。

ではこうした理由から、私は移民政策が経済的利益の観点のみから決められるべきだと考えているのか？　全くそうではない。低技能移民を全く受け入れるべきではないと、私は思っているのか？　その点については、全力で否定させてほしい！

米国はこれまで、ほとんど成功の機会のない多くの外国人に希望と新たな人生を提供するという、他国に類を見ない歴史的に重要な役割を担ってきた。そうした国こそが私が住みたい国なのだ。そうした政策は多くの問題をはらむ。経済的、社会的な混乱をもたらし、最も社会的に弱い立場の国民が犠牲になることがほとんどだ。ただ私は、貧しく多くの困難に直面する人々に、素晴らしい機会を経験するチャンスを与えることはいいことだと思う。無情な政治的打算から、国境を遵守しないという理由で低技能移民が政治的、経済的、またロジスティクスの面で問題を起こす存在と見なされるのは本当に悲劇だ。不幸な環境に生まれた人々にアメリカン・ドリームのチャンスを与える一方で、移民に伴う問題や混乱に対応する責任ある移民政策を考えてこなかったことがさらに大きな悲劇だ。

既存の研究成果から学べることや私が移民について考える際の個人的な思いをこれまで述べてきた。私なら今日の移民政策にどう取り組むか、興味のある人もいるかもしれない。

もちろん、私の答えは移民政策の目標が何かに左右される。私は様々なレベルの技能労働者を受け入れる、つまり高技能移民を受け入れて経済的な利益につなげるとともに、「世界貢献《ダズ・グッド》」のために低技能移民も受け入れる政策を続けることが前提だと考える。その前提で言えば、より良い結果をもたらすような政策変更はある。ただ、私はすべての答えを持っているわけではない。いくつかの問題は非常に困難で、容易には解決しない。

まず明らかなことは、国境がきちんと守られていないならば、政策の変更について議論しても意味がないということだ。千百万人もの書類不所持移民を入国させているような穴だらけの国境は、ウディ・アレンの言葉を借りれば、合法的な移民政策を「滑稽な見せかけの茶番」にしている[1]。南の国境を越えたり観光ビザの期限を超えて滞在することで誰もが移民になれるのであれば、移民政策を改善する方法を考える意味がどこにあるだろうか？　まず最初にやるべきことは、再び国境をしっかり管理し、移民政策を変更することを意味のあることにすることだ。

国境をしっかり管理するには、継続的に多額の費用がかかる。我々はすでに多くの資金をつぎ込んでいるが、成果は芳しくない。ただ戦略を変えれば、不法入国は劇的に改善するかもしれない。書類不所持移民を雇う雇用主に対する罰則を強化するのだ。彼らに既存の電子システムを利用してもらうことで、求職者のビザを容易に確認できるようにして、責任を持って従業員を管理してもらう。幸運なことに、米国は移民の不法滞在が判明し、逮捕されたとしても、彼らの市民権を踏みにじるような国ではない。ただ、法を犯した企業に対しては巨額の罰金を課して、厳しく刑罰を与える国だ。巨額の罰金を課し、厳しい刑事罰を与えれば、不法移民問題の対処はより容易になり、移民政策の議論はより実用的で合理的なものになるだろう。

私はずっと、数百万人の書類不所持移民に恩赦を与える法律にこだわることはそれ自体が茶番であると感じてきた。関係政党が政治的利益のために演じている「芝居」にすぎない。ほとんどとは言わないが、書類不所持移民の多くは最終的には家族優遇制度を使うことで、既存の法律の下でも法的身分を与えられることは誰もが知っている。驚くべきことに、ときには行動しないことが最良の行動になる。書類不所持移民の数がこれ以上増えないように一致団結して取り組むのであれば、この敏感な問題は下手に触らないのがおそらく一番いい。数年後、書類不所持移民の入国の数が大幅に減ったときに、現在の多くの書類不所持移民に家族ビザを与えるプロセスを早めることが政治的に可能になるだろう。

また我々は、より広い視野で移民政策を見る必要がある。どれくらいの数の移民を受け入れるか、どのような判断基準を用いて受け入れる幸運な外国人を選ぶかだけではなく、多くの米国民が直面する移民の負の影響を軽減するために何をすればいいのかも考える必要があるのだ。移民受け入れによる特定の職種の賃金下落に対しては、移民数を減らすことが最良の対応策ではない。すでに見てきたように、移民は経済的な利益をもたらす。と言っても、問題に全く手をつけなかったり、移民が我々全員にとっていいという盲信を信じ続けることも正しい対応ではない。一九七四年に制定された貿易調整支援制度は、輸入増加の影響を受けた労働者に対して助成金を給付する。おそらくそろそろ、移民に影響を受けた産業や地域で働く労働者を支援する同様の制度を設ける時期ではないだろうか。

農業を営む企業やサービス企業は、低技能移民の雇用で多大な利益を得てきた。こうした利益を原資に、低技能の米国人が移民との競争により受けた損失を補塡し、彼らが新しい仕事や職業に就けるよう支援する時期ではないだろうか。もしビル・ゲイツが主張するように、H—1Bビザが一人に与えられるたびにマイクロソフトで四つの新しい雇用が生まれるのであれば、同社はその制度により莫大な利益を得ていることになる。同社はH—1Bビザ一通の発行に対して数千ドルを喜んで寄付すべきだ。その資金を使い、ハイテク産業で被害を受けた米国民に補償金を給付し、彼らに再訓練してもらうことができる。ゲストワーカー〔出稼ぎ労働者〕を入国させるために、企業がどれくらいのお金を喜んで支払っているかを知って驚くかもしれない。例えばシンガポールでは、低技能のサービス労働者を受け入れている企業は、短期ビザのために労働者の月給の二割から三割の税金を政府に毎月払っている。つまり、移民がもたらす利益がきちんと国民に均等に分配されるように、移民政策は目的税と助成金を盛り込むべきなのだ。

ただ、私はそこまでナイーブではない。現状の政策の被害者に対して一部補償するだけでも、大規模な移民を受け入れるためには大掛かりな新しい制度を設け、数百億ドルに上る巨額の富の再分配を管理しなければならない。現状で利益を得ている企業がこの制度変更を受け入れるには、大きな政治的努力が必要になるだろう。より多くの移民受け入れを支持する人々の多数も、政府の役割の拡大には躊躇するだろう。おそらくそこから、移民政策の本当の議論が始まるのだ。

皮肉なことに、こうした制度変更はまだ「容易な」方だ。少なくとも様々な技能レベルの移民を受け入れるという前提のもとでは、現行の移民政策によりもたらされる問題のいくつかは、さらに解決が困難だ。

移民を受け入れながら、社会保障制度を維持するという状況が特にやっかいな問題を生み出す。移民に対して公的扶助の利用を制限しているにもかかわらず、移民を世帯主とする家計のおよそ半数が何らかの公的扶助を受けているというのはやっかいな問題だ。最も容易な対応は、オーストラリアやカナダの政策を真似することだ。つまり、高技能移民だけを受け入れるように受け入れ基準を変更するのだ。ただ私は、海外の貧しい人々に希望を提供するという米国が果たしてきた素晴らしい役割を評価している。一つの解決法は、移民が公的扶助を受ける基準をさらに厳しくすることかもしれない。ただ、こうしたやり方はさらなる問題をはらむ。移民を世帯主とする家計は米国生まれの子供を持つという理由で助成を受けることが多いため、公的扶助を受ける資格を効果的に制限するためには、両親の出生国を理由にマイノリティの国民を差別して扱う必要があるかもしれないのだ。

移民一家が長期的にいかに社会に同化できるかも同様に困難な問題だ。歴史的には、移民は政府の後押しがなくても進んで社会に同化してきた。「人種のるつぼ」という言葉がマイノリティに対する〔同化を暗に強要する〕差別的発言とは取られなかった過去の文化的、社会的状況の中では、不干渉政策がうまく機能したのだ。多くの民族集団が同化という考えに対してイデオロギー的な反感を感じるようになり、一方で政府が個々の民族的アイデンティティを継続的に重視しようとする政策を推し進める中で、不干渉主義がうまくいかなくなっている。

欧州の状況を見れば、社会に同化しないマイノリティの大規模な集団がいることで、国民の間に不安が広がり、トラブルの種になることがわかる。少なくとも、移民を社会に同化させる過程における政府の役割を再考するべきだ。遠慮なく言わせてもらうが、革新的なイデオロギーが吹聴する多文化主義の理想郷がいまの状況で本当に意味があるのか、国民を継続的に人種や民族で色分けする政府の政策が外国生まれの人々を多く抱える社会の中で果たして正しいことなのかどうかを、「我々国民」

は判断する必要がある。

最後に、相次ぐ中東への軍事介入の失敗であふれ出てきた難民に関する議論は、正しいことをするという目的の追求がますます一筋縄では行かないことを示している。私は自分の過去の経歴から、難民の苦境に対しては非常に同情的だ。彼らは忍耐力の限度を越えた環境から避難しているのだ。一方で、我々は現実的でなければならない。難民の中には少数だが恨みや争いを持ち込み、それを受け入れ国で晴らそうと思う人々がいる。また、受け入れ国の社会と政治の安定を揺るがす恐れのある文化的慣習を持ち込む人もいる。こうした副次効果は、移民受け入れの長期的な影響を左右しうるものだ。移民政策はますます、(難民であろうがなかろうが)移民が単なる労働力以上のものを持ち込む存在であるということを考慮に入れなければならなくなるだろう。

移民政策には困難で回避できないトレードオフがあり、そうしたトレードオフは専門家による数式モデルや統計分析だけでは測れないものだ。結局、どのような政策を選ぶかは我々の価値観や米国という国がどうあるべきかに対する我々の信念、そして自分たちの子供にどのような国に住んでほしいかという思いに左右される。

自分のイデオロギーをはっきりと明かさない人々はよく、経済モデルや統計分析の結果に過度に依存する。彼らは実際には、イデオロギーが背後にある政策目標を後押しするために、多くの対立する研究成果の中から自分に都合のいいものを選んでいる。移民はどれほど賃金に影響を与え、どれほどの財政負担につながるかという議論ではなく、我々はどういった価値観を共有し、いかにして移民がもたらす利益とコストを公正に分配できるかについて議論することが正しく、前向きなのではないだろうか。移民政策の議論は単なる数字だけでは語れない多面的な問題なのだ。

謝辞

本書のアイデアがいつ生まれたのか、その日時ははっきりとしている。W・W・ノートン&カンパニーの編集者であるジャック・レプチェックが二〇一一年三月三十日、私のハーバード大学のオフィスの椅子に座っていた。彼とは二十年来の知人でプリンストン大学出版局に勤めていたころから交流があり、定期的に会う間柄だった。彼はその日、ケンブリッジを通りかかり、お互いの共通の関心事について話すために私のオフィスに立ち寄ってくれたのだ。

当時、私はハーバード大学出版局から出版されることになる専門書『移民経済学』を執筆している最中だった。私はその本が将来の移民の専門的な研究を特徴づける形式的な枠組みを提供するとジャックに話した。彼はそうした本を書くのは有意義な時間の使い方だと賛同してくれた一方、一般読者が移民に関する議論を理解できるような本こそ本当に求められているのではないかと話してくれた。私は移民をめぐる議論は熱くなりすぎる（特に言葉の応酬に敵意のとげがある）ため、公の議論とはできるだけ距離を置きたいと彼に話した。だからこそ私は数年をかけて、前述した専門書を執筆する道を選んだのだ。ジャックは「手頃な分量で、シンプルで、率直な」移民に関する本は政策論議にも大きなプラスの影響があると主張し、私に執筆を考えてほしいと勧めた。

ジャックが私の心に植えた種は次第に大きくなった。二〇一四年六月に『移民経済学』が出版されるとすぐに私は彼にメールを送り、本書を執筆する準備はできていると告げた。私は彼とケンブリッジで再び会い、昼食を食べながら本書の構成やアプローチについて二人でアイデアを出し合った。非常に実りの多い昼食だった。悲しいことに、ジャック・レプチェックは二〇一五年十月に予期せぬ死を迎えた。ちょうど彼が第二稿を読み、手を加えた後だった。うれしいことに、最終的に出版された本はほぼ我々が昼食で大枠を固めた通りの内容で、ジャックの貴重なコメントやフィードバックはすべて本書に反映された。

ジャックは私と同じく長年のビートルズファンで、本書のある章の中でビートルズに言及したことを非常に喜んでいた。仕事以外の私生活では、彼はあるロックバンドでギタリストを務め、ビートルズの名曲を演奏していた。次にボストンに立ち寄った際には私の家に来て、私のビートルズのレコードと記念品のコレクションを見てほしいと彼に伝えた（子供ができてからは、コレクションを集めるのをやめてしまった）。そのときの彼の言葉は、いかに彼が仕事と音楽に対して情熱を注いでいるのかを雄弁に語ってくれるものだった。「いつか君のコレクションをぜひ見てみたいよ！　この本の出版を一緒に祝って、そのときに見せてもらうとしよう」。残念なことにその機会は訪れなかったが、彼は本書の原稿を心から楽しんで読んでくれたと思う。本書の出来栄えについては誇りに思ってくれると私は心から望んでいる。

最終稿の準備の前にジョン・グラスマンが編集作業を引き継いでくれたことは、私にとって非常に幸運だった。ジョンの編集手腕により原稿は非常にすっきりとし、重要な部分によりフォーカスした内容となった。また、ノートン社のアレクサ・ピューにも感謝している。我慢強く私の多くの質問に答えてくれたおかげで、パソコンで書いた原稿がスムースに紙の本の形になった。

また人数が多すぎで個々の名前は割愛するが、多くの同僚、友人、知人が本書の初期の原稿だけではなく、これまで私が執筆した多くの原稿を読んでくれた。私が彼らのアドバイスや支援にいつも感謝していることは分かってくれているはずだ。かなり批判的な言葉すら、自分が何を書こうとしているのかを再考させてくれるという意味で役に立った。これまで幸運にも共に移民について研究することができた多くの共著者（およそ十五人に上り、これからも増え続けるだろう！）に対しても、同じことを言いたい。彼ら全員が私の考え方に影響を与え、彼らとの共同研究によって私がどれほど影響を受けてきたかは彼らも分かっているはずだ。

最後に、家族には一番感謝している。私が移民の研究に人生を捧げた時期の多くは、妻とともに三人の子供たち、サラ、ティモシー、レベッカを育てる時期と幸運にも重なった。子供たちが思いやりと責任感のある若者に育つ過程を見ることができたのは本当に幸運だった。妻のジェーンにはいつまでも感謝しきれない。彼女の忍耐、協力、そして愛情がなければ、私は本書を書けるほどのレベルには到達することができなかっただろう。

マサチューセッツ州レキシントン

二〇一五年十二月十一日

訳者あとがき

本書は George J. Borjas, *We Wanted Workers*, 2016 の全訳である。著者は公共政策の分野で世界をリードするハーバード・ケネディスクールで二十年あまり教鞭をとり、執筆した論文がトランプ大統領の選挙演説にも引用された移民経済学の世界的権威だ。これまで学術書を中心に執筆してきた著者が、初めて一般読者向けに移民の経済的影響を解説した本であり、外国人労働者の活用が身近な問題になりつつある我々日本人にとっても必読の内容となっている。

原題はスイスの作家であるマックス・フリッシュの言葉、"we wanted workers, but we got people instead"（我々が欲しかったのは労働者だが、来たのは生身の人間だった）を引用したものだ。この言葉には移民は単なる労働投入ではなく、我々と同じように生活を営み、経済や政治、社会、文化に様々な経路で影響を与える存在であるという意味が込められている。移民の経済的な影響をきちんと理解するには、彼らを工場の中で働くロボットのような労働者と見なす狭量な視野から抜け出さなければならないという問題意識は、本書の中で繰り返される重要なテーマの一つだ。

例えば、一部の移民支持派の経済学者はあらゆる国境を開放して人の移動を自由にすれば、世界の富は数十兆ドル規模で増大すると主張する。ただ、実際にそれを実現する過程において、数十億人の発展途上国の労働者が先進国に移住する必要があり、そうした民族大移動とも言える規模の移民がもたらす経済的利益は、彼らが「受け入れ国の社会的、政治的、経済的な側面に負の影響をもたらす場合、容易に相殺される」（本書二〇七頁）。まさに移民を人間ではなく単なる労働投入とみなす安易かつ、現実的視点の欠如した学者の空想の分かりやすい例だ。

経済的、人道的理由から、これまで移民を積極的に受け入れてきた欧米諸国の現状を見ると、移民が社会的な摩擦をもたらす存在であることは容易に読み取れる。ある特定の国から移民を大量に受け入れた場合、彼らは一つの地域に集まり、独自の民族居住地区を形成し、受け入れ国の社会に溶け込まないようになる。そうした集団の中では母国から持ち込んだ異質な価値観が代々受け継がれ、受け入れ国の価値観との乖離が大きければ大きいほど、両者の間に生まれる摩擦は大きくなる。

また、社会保障サービスが充実している先進国においては、移民（とその子供たち）が利用する公的扶助の観点も無視できない。本書によると、米国では移民家計の四十六パーセントが何らかの公的扶助を受けているという調査結果もある。少なくとも短期的には、移民は間違いなく財政的に負担となる存在だと著者は結論付けている（長期的には様々な要因に左右されるため、影響を具体的に推定するのが困難だという）。

果たして移民を受け入れることで、受け入れ国の国民の生活は豊かになるのだろうか？　移民政策を考える上で、我々が最も気になるのはこの点だと思う。この質問に対する著者の答えは明快だ。少なくとも短期的には、移民の経済的影響は差し引きゼロ。つまり、移民の受け入れによって受け入れ国の国民全体が享受できる経済的なメリットはほとんどないというのだ。

一方で、「移民は勝者と敗者をつくる」（二一〇頁）。勝者は移民自身と移民を安い賃金で雇用できる企業であり、敗者は移民に仕事を奪われる「特定の分野」の労働者だ。著者の言葉を借りれば、少なくとも経済的観点から言えば「移民とは単なる富の再分配政策」（一二三頁）だというのだ。これこそが、著者が数十年に及ぶ移民経済学の研究から学んだ最も重要な視点だという。わかりやすい言葉に直せば、移民受け入れとは企業が笑い、労働者が泣く政策と言えるのではないだろうか。仮に受け入れ国の国民を裕福にすることが移民政策の目標であるならば、正しい移民政策というのは高技能移民のみを受け入れることであるという。

これらの点を踏まえた上で、著者はどのような移民政策を支持しているのだろうか？　これまでの論文の中で移民のコストを立証してきたことから、反移民派と誤解されることも多いという著者であるが、米国が単純労働移民の受け入れをやめるべきだとは考えていない。子供のころにキューバから米国に渡り、これまで大きな恩恵を受けてきた立場として、米国には「ほとんど成功の機会のない多くの外国人に希望と新たな人生を提供するという、他国に類を見ない歴史的に重要な役割を担う」（二一五頁）国であってほしいと願っている。つまり、移民受け入れの人道的役割を重視する立場に立つ。そのためにも、移民政策は富の再分配政策だと正しく認識した上で、移民受け入れによる受益者と犠牲者を特定し、受益者の利益が犠牲者に還元される仕組みを政府が構築することが必要だと提言している。

本書のもう一つの読みどころは、著者の学界批判にある。移民研究者の間では「移民の利益を誇張し、損失を矮小化する」（二五頁）傾向にあり、移民は「我々全員にとっていいことだ」という学界の通説を論文が確実に裏付けるよう、社会科学者はあらゆる手段を駆使するという。つまり、移民は善であるという結論がまず最初にあり、その結論が導かれるように学者は前提条件やデータを都合よく操作するというのだ。

第七章や第九章では、いかに研究者がデータを都合よく解釈することで、自分の意見を裏付ける証拠をでっち上げることができるかを分かりやすく例示している。そうしたケースを何度も目にしてきたことで、皮肉なことに一流の経済学者である著者自身が、「数式モデルと統計分析を根拠にすれば、社会政策が科学的に決まるという主張が全く馬鹿げていると感じるようになった」（二〇七頁）というから事態は深刻である。その上で、社会政策を決定する際にはあくまで「イデオロギーと価値観が同様に重要なのだ」（二〇八頁）という著者の言葉は非常に説得力がある。

我が国に目を転じると、世界でも類を見ない労働力人口の減少に直面している。国立社会保障・人口問題研究所の推計によると、日本の生産年齢人口（十五〜六十四歳）は二〇一五年には七千七百二十八万人だったのが、二〇五六年にも五千万人を割り込む見通しだ。急減する労働力を補う存在として、外国人労働者の受け入れ拡大というのは避けては通れない議論だろう。

日本で働く外国人の数はすでに増加傾向にある。厚生労働省がまとめた事業主の届出ベースの数字で見ると、外国人労働者の数は二〇一二年に六十八万二千四百五十人だったのが、二〇一六年には百八万三千七百六十九人に増えている。五年間で六割近い増加だ。その伸びは加速しており、二〇一六年には前年比で十七万五千八百七十三人（十九・四パーセント）も増えている。関連法案の改正や国家戦略特区の活用で、労働力不足が最も深刻な建設、介護に加え、家事代行サービスの分野で外国人労働者の受け入れをすでに開始・拡大している。

今後の政府の基本方針としては、「高度な知識・技能を有する研究者・技術者をはじめ、情報技術の進化・深化に伴い幅広い産業で需要が高まる優秀な外国人材について、より積極的な受入れを図る」（未来投資戦略二〇一七）ことを打ち出している。具体的には、高度外国人材の永住許可申請に要する期間を現行の五年から最短一年に短縮するなどの政策をこれから実施していく見通しだ。一方で、「移民政策と誤解されないような仕組みや国民的コンセンサス形成の在り方」（同）も検討するとしており、移民という言葉に拒否反応のある世論への配慮もにじませている。

移民政策には常にトレードオフがあり、結局、どのような政策を選ぶのかは我々の価値観や国家観に左右されるというのが本書の結論だ。日本の現状を考えると、外国人労働者の活用は待ったなしの重要課題と言えるだろう。我々は今、先人が経験したことのない新たな時代にすでに足を踏み入れており、先の見通せない大きな分岐点に立っている。本書で得られる教訓が、読者が外国人労働者の受け入れの是非を判断する上で、暗闇の中を照らす一筋の灯になることを願う。

著者のジョージ・ボージャスは一九五〇年にキューバで生まれ、十二歳のときに母親と共に米国に渡った移民一世だ。コロンビア大学で経済学博士号を取得し、カリフォルニア大学を経てハーバード・ケネディスクールの教授となり、労働経済学の分野で最も権威のあるＩＺＡ賞を二〇一一年に受賞している。まさに移民によるアメリカン・ドリームを体現している人物と言えるだろう。彼の詳しい経歴や彼が移民経済学に興味を抱くようになった経緯に関しては、本書の第一章に詳しく書かれている。主著に『労働経済学』（*Labor Economics* 7th edition, 2015）、『天国への扉——移民政策と米国経済』（*Heaven's Door: Immigration Policy and the American Economy*, 1999）、『移民経済学』（*Immigration Economics*, 2014）などがあり、日本語に翻訳されるのは本書が初めてだ。

最後に、白水社の竹園公一朗氏には昨年末に出版した訳書『金融危機はまた起こる——歴史に学ぶ資本主義』に続きお世話になった。私が本書の翻訳を提案すると、並行して多くの企画を抱える忙しい身でありながら、軽やかなフットワークで出版に向けて動き出してくれた。彼の助力なしには本書が世にでることはなかっただろう。深く感謝する。

二〇一七年十一月

岩本　正明

訳者略歴
岩本正明（いわもと・まさあき）
一九七九年生まれ。大阪大学経済学部卒業後、時事通信社に入社。経済部を経て、ニューヨーク州立大院で経済学修士取得。通信社ブルームバーグに転じて独立。主な訳書に、プレンダー『金融危機はまた起こる』（白水社）。

移民の政治経済学

二〇一八年一月一〇日　第一刷発行
二〇一九年二月二八日　第三刷発行

著　者　ジョージ・ボージャス
訳　者©岩　本　正　明
発行者　及　川　直　志
印刷所　株式会社　理　想　社
発行所　株式会社　白　水　社

東京都千代田区神田小川町三の二四
電話　営業部　〇三（三二九一）七八一一
　　　編集部　〇三（三二九一）七八二一
振替　〇〇一九〇―五―三三二二八
郵便番号　一〇一―〇〇五二
www.hakusuisha.co.jp

乱丁・落丁本は、送料小社負担にてお取り替えいたします。

株式会社松岳社

ISBN978-4-560-09591-1

Printed in Japan

索 引

あ行

か行

さ行

た行

な行

は行

ま行

や行

ら行

わ行

註

第一章

(1) Paul Collier, *Exodus: How Migration Is Changing Our World* (New York: Oxford University Press, 2013), 25–26. 強調は著者。
(2) 論文は 1978 年に発表された。 Barry R. Chiswick, "The Effect of Americanization on the Earnings of Foreign-Born Men," *Journal of Political Economy* 86 (1978).
(3) 実際にキューバからの移民は、世代によって大きなスキル格差がある。Madeline Zavodny, "Race, Wages, and Assimilation among Cuban Immigrants," *Population Research and Policy Review* 21 (2003).
(4) George J. Borjas, *Friends or Strangers: The Impact of Immigrants on the U.S. Economy* (New York: Basic Books, 1990).
(5) Julian Simon, *The Economic Consequences of Immigration* (Cambridge, MA: Blackwell, 1989).
(6) Borjas, *Friends or Strangers*, 81.

第二章

(1) Joseph E. Stiglitz, "The Broken Promise of NAFTA," *New York Times*, January 6, 2004.
(2) Louis Uchitelle, "NAFTA Should Have Stopped Illegal Immigration, Right?" *New York Times*, February 18, 2007.
(3) Bob Hamilton and John Whalley, "Efficiency and Distributional Implications of Global Restrictions on Labour Mobility: Calculations and Policy Implications," *Journal of Development Economics* 14 (1984).
(4) Alex Tabarrok, "The Case for Getting Rid of Borders—Completely," *Atlantic*, October 10, 2015.
(5) Michael A. Clemens, "Economics and Emigration: Trillion-Dollar Bills on the Sidewalk?" *Journal of Economic Perspectives* 25 (2011).
(6) "In Praise of Huddled Masses," *Wall Street Journal*, July 3, 1984.
(7) Michael A. Clemens, Claudio E. Montenegro, and Lant Pritchett, "The Place Premium: Wage Differences for Identical Workers across the U.S. Border," Center for Global Development Working Paper no. 148, 2008.
(8) Daron Acemoglu and James Robinson, *Why Nations Fail: The Origins of Power, Prosperity, and Poverty* (New York: Crown, 2012).
(9) Paul Collier, *Exodus: How Migration Is Changing Our World* (New York: Oxford University Press, 2013), 33, 34.
(10) Ibid., 68.

(11) Raymond Fisman and Edward Miguel, "Corruption, Norms, and Legal Enforcement: Evidence from Diplomatic Parking Tickets," *Journal of Political Economy* 115 (2007).
(12) Robert D. Putnam, *Bowling Alone: The Collapse and Revival of American Community* (New York: Simon and Schuster, 2000).
(13) Robert D. Putnam, "E Pluribus Unum: Diversity and Community in the Twenty-First Century—The 2006 Johan Skytte Prize Lecture," *Scandinavian Political Studies* 30 (2007): 137.
(14) Ibid., 165.

第三章

(1) Richard Easterlin, "Immigration: Economic and Social Characteristics," in *Harvard Encyclopedia of American Ethnic Groups*, eds. Stephan Thernstrom, Ann Orlov, and Oscar Handlin (Cambridge, MA: Harvard University Press, 1980), 476.
(2) *Yuen Sang Low v. Attorney General*, 479 F.2nd 820 (9th Cir. 1973).
(3) *Drax v. Reno*, 338 F.3rd 98, 99–100 (2nd Cir. 2003).
(4) Edward P. Hutchinson, *Legislative History of American Immigration Policy, 1798–1965* (Philadelphia: University of Pennsylvania Press, 1981), 391.
(5) Francis A. Walker, "Restriction of Immigration," *Atlantic Monthly*, June 1896.
(6) David M. Reimers, *Still the Golden Door: The Third World Comes to America* (New York: Columbia University Press, 1992), 74.
(7) Elliott Abrams and Franklin S. Abrams, "Immigration Policy—Who Gets In and Why," *Public Interest* 38 (1975), 8.
(8) "UFW History," United Farm Workers, http://www.ufw.org, accessed December 1, 2015.
(9) Myrna Garcia, "Immigration Reform and Control Act," in *Undocumented Immigrants in the United States: An Encyclopedia of Their Experience*, ed. Anna Ochoa O'Leary (Westport, CT: Greenwood, 2014), 383.
(10) Gordon H. Hanson, "The Economic Logic of Illegal Immigration," Council of Foreign Relations, Council Special Report no. 26, April 2007, 14–16.
(11) Bryan Baker and Nancy Rytina, "Estimates of the Unauthorized Immigrant Population Residing in the United States: January 2012," US Department of Homeland Security, March 2013.
(12) "Estimates of the Unauthorized Immigrant Population Residing in the United States: 1990 to 2000," US Immigration and Naturalization Service, 2003, 3.
(13) Jeremy B. White, "Driver's License Demand Surges," *Sacramento Bee*, April 3, 2015.

第四章

(1) 引用は以下。Dale Hanson Bourke, *Immigration: Tough Questions, Direct Answers*

(Downers Grove, IL: Intervarsity Press, 2014), 106.

(2) Edmund S. Morgan, ed., *Not Your Usual Founding Father: Selected Readings from Benjamin Franklin* (New Haven, CT: Yale University Press, 2006), 162.

(3) Roger Ebert, "El Norte," rogerebert.com, August 1, 2004; "RNC 2012: Mitt Romney Acceptance Speech to GOP Convention," *Washington Post*, August 30, 2012; Dave Boyer, "Obama Welcomes New U.S. Citizens, Vows to Fix 'Broken' Immigration System," *Washington Times*, July 4, 2014.

(4) Leslie Colitt, "Escape from East Berlin," *Guardian*, August 16, 2011.

(5) Central Intelligence Agency, Office of Current Intelligence, "The East German Refugees" (memo, August 10, 1961). 強調著者。

(6) Erhan Artuc, Shubham Chaudhuri, and John McLaren, "Trade Shocks and Labor Adjustment: A Structural Empirical Approach," *American Economic Review* 100 (2010); Simone Bertoli, Jesús Fernández-Huertas Moraga, and Francesc Ortega, "Crossing the Border: Self-Selection, Earnings, and Individual Migration Decisions," *Journal of Development Economics* 101 (2013).

(7) Darren Lubotsky, "The Effect of Changes in the U.S. Wage Structure on Recent Immigrants' Earnings," *Review of Economics and Statistics* 93 (2011).

(8) James P. Smith and Barry Edmonston, eds., *The New Americans: Economic, Demographic, and Fiscal Effects of Immigration* (Washington, DC: National Academy Press, 1997), 190.

(9) George J. Borjas, "Self-Selection and the Earnings of Immigrants," *American Economic Review* 77 (1987).

(10) Paula Stephan, *How Economics Shapes Science* (Cambridge, MA: Harvard University Press, 2012), 165.

(11) Ibid., 176.

(12) National Research Council, *Trends in the Early Careers of Life Scientists* (Washington, DC: National Academy Press, 1998), 5.

(13) "Donald Trump Announces a Presidential Bid," *Washington Post*, June 16, 2015.

(14) Daniel Chiquiar and Gordon H. Hanson, "International Migration, Self-Selection, and the Distribution of Wages: Evidence from Mexico and the United States," *Journal of Political Economy* 113 (2005).

(15) Jesús Fernández-Huertas Moraga, "New Evidence on Emigrant Selection," *Review of Economics and Statistics* 93 (2011); Robert Kaestner and Ofer Malamud, "Self-Selection and International Migration: New Evidence from Mexico," *Review of Economics and Statistics* 96 (2014).

(16) David Lagakos et al., "Life-Cycle Human Capital Accumulation across Countries: Lessons from U.S. Immigrants," National Bureau of Economic Research Working Paper no. 21914, January 2016.

(17) Sherrie A. Kossoudji and Deborah A. Cobb-Clark, "Coming Out of the Shadows: Learning about Legal Status and Wages from the Legalized Population," *Journal of Labor Economics* 20 (2002); Neeraj Kaushal, "Amnesty Programs and the Labor Market Outcomes of Undocumented Workers," *Journal of Human Resources* 16

(2006).
(18) "The Economic Status of Asian Americans and Pacific Islanders in the Wake of the Great Recession" (US Department of Labor, 2014), 9.
(19) Stephen J. Trejo, "Why Do Mexican Americans Earn Low Wages?" *Journal of Political Economy* 105 (1997): 1235.

第五章

(1) Yann Algan et al., "The Economic Situation of First and Second-Generation Immigrants in France, Germany and the United Kingdom," *Economic Journal* 120 (2010): F4–F5.
(2) Samuel Huntington, "The Hispanic Challenge," *Foreign Policy*, March/April 2004, 36; Samuel Huntington, *Who Are We? The Challenges to American National Identity* (New York: Simon and Schuster, 2004).
(3) Huntington, "Hispanic Challenge," 43.
(4) David Brooks, "The Americano Dream," *New York Times*, February 24, 2004.
(5) Jacob Vigdor, "Measuring Immigrant Assimilation in the United States," Civic Report no. 53 (Center for Civic Innovation at the Manhattan Institute, May 2008).
(6) Dowell Myers and John Pitkin, "Assimilation Today: New Evidence Shows the Latest Immigrants to America Are Following in Our History's Footsteps" (Center for American Progress, September 2010), 30.
(7) Arnold Schwarzenegger, *Total Recall: My Unbelievably True Life Story* (New York: Simon and Schuster, 2013), 137–38. 強調著者。
(8) Jose Antonio Vargas, "My Life as an Undocumented Immigrant," *New York Times Magazine*, June 22, 2011.
(9) "America's Assimilating Hispanics," *Wall Street Journal*, June 18, 2013.
(10) George J. Borjas, "Assimilation, Changes in Cohort Quality, and the Earnings of Immigrants," *Journal of Labor Economics* 3 (1985).
(11) データの中から本国に帰った移民を除くと、移民の収入の改善率は低下する。Darren Lubotsky, "Chutes or Ladders? A Longitudinal Analysis of Immigrant Earnings," *Journal of Political Economy* 115 (2007).
(12) Darren Lubotsky, "The Effect of Changes in the U.S. Wage Structure on Recent Immigrants' Earnings," *Review of Economics and Statistics* 93 (2011).
(13) Adrianna Oudman, "Young and Undocumented," *Banner*, January 18, 2011.
(14) Timothy Hatton, "The Immigrant Assimilation Puzzle in Late Nineteenth-Century America," *Journal of Economic History* 57 (1997).
(15) Ran Abramitzky, Leah Platt Boustan, and Katherine Eriksson, "A Nation of Immigrants: Assimilation and Economic Outcomes in the Age of Mass Migration," *Journal of Political Economy* 122 (2014): 469–70.
(16) Edward P. Lazear, "Culture and Language," *Journal of Political Economy* 107 (1999): S95.

(17) Alejandro Portes and Robert D. Manning, "The Immigrant Enclave: Theory and Empirical Examples," in *Competitive Ethnic Relations*, eds. Joan Nagel and Susan Olzak (Orlando, FL: Academic Press, 1986), 63–64.
(18) Jimy Sanders and Victor Nee, "Limits of Ethnic Solidarity in the Enclave Economy," *American Sociological Review* 52 (1987): 762.
(19) Jacob Vigdor, "New York City and the Genius of Immigrant Assimilation," *New York Daily News*, October 14, 2009.
(20) Humbert S. Nelli, "Italians," in *Harvard Encyclopedia of American Ethnic Groups*, eds. Stephen Thernstrom, Ann Orlov, and Oscar Handlin (Cambridge, MA: Harvard University Press, 1980), 548.
(21) "Special Report: America's Hispanics," *Economist*, March 14, 2015.
(22) George J. Borjas, "The Slowdown in the Economic Assimilation of Immigrants: Aging and Cohort Effects Revisited Again," *Journal of Human Capital* 9 (2015).
(23) "Those Assimilating Immigrants," *Wall Street Journal*, October 7, 2015.
(24) Julia Preston, "Newest Immigrants Assimilating as Fast as Previous Ones, Report Says," *New York Times*, September 21, 2015.
(25) Mary C. Waters and Marisa Gerstein Pineau, eds., *The Integration of Immigrants into American Society* (Washington, DC: National Academies Press, September 21, 2015), 6-12, 7-6 to 7-7.

第六章

(1) 引用は以下。Philip Gleason, "American Identity and Americanization," in *Harvard Encyclopedia of American Ethnic Groups*, eds. Stephan Thernstrom, Ann Orlov, and Oscar Handlin (Cambridge, MA: Harvard University Press, 1980), 33.
(2) Madison Grant, *The Passing of the Great Race: Or, The Racial Basis of European History* (New York: Scribner's Sons, 1916), 89.
(3) Madison Grant, "Introduction to the Fourth Edition," in *The Passing of the Great Race* (New York: Scribner's Sons, 1922), xxviii.
(4) "Modern Immigration Wave Brings 59 Million to U.S., Driving Population Growth and Change through 2065" (Pew Research Center, September 28, 2015).
(5) "America's Assimilating Hispanics," *Wall Street Journal*, June 18, 2013.
(6) Robert J. Samuelson, "Conspiracy against Assimilation," *Washington Post*, April 20, 2006.
(7) Lydia Warren, "Meet the Four Immigrant Students Each Accepted to All Eight Ivy League Schools," DailyMail.com, April 20, 2015.
(8) George J. Borjas, "The Intergenerational Mobility of Immigrants," *Journal of Labor Economics* 11 (1993).
(9) Robert Park, *Race and Culture* (Glencoe, IL: Free Press, 1975); Richard Alba and Victor Nee, *Remaking the American Mainstream: Assimilation and Contemporary Immigration* (Cambridge, MA: Harvard University Press, 2005).
(10) 引用は以下。Gleason, "American Identity and Americanization," 43.

(11) Nathan Glazer and Daniel P. Moynihan, *Beyond the Melting Pot: The Negroes, Puerto Ricans, Jews, Italians, and Irish of New York City* (Cambridge, MA: MIT Press, 1963), xcvii.
(12) Brian Duncan and Stephen J. Trejo, "Intermarriage and the Intergenerational Transmission of Ethnic Identity and Human Capital for Mexican Americans," *Journal of Labor Economics* 29 (2011); Brian Duncan and Stephen J. Trejo, "Assessing the Socioeconomic Mobility and Integration of U.S. Immigrants and Their Descendants," *Annals of the American Academy of Political and Social Science* 657 (2015).
(13) George J. Borjas, "Ethnic Capital and Intergenerational Mobility," *Quarterly Journal of Economics* 107 (1992).
(14) Olof Åslund et al., "Peers, Neighborhoods, and Immigrant Student Achievement: Evidence from a Placement Policy," *American Economic Journal: Applied Econo*mics 3 (2011).
(15) Edward E. Telles and Vilma Ortiz, *Generations of Exclusion: Mexican Americans, Assimilation, and Race* (New York: Russell Sage Foundation, 2009).
(16) Kathleen M. Conzen, "Germans," in *Harvard Encyclopedia of American Ethnic Groups*, 423; Humbert S. Nelli, "Italians," in *Harvard Encyclopedia of American Ethnic Groups*, 558.
(17) "Tool: Recognizing Microaggressions and the Messages They Send" (University of California, Office of the President, 2015).

第七章

(1) Daniel Griswold, "Introduction: Is Immigration Good for America?" *Cato Journal*, Winter 2012, 2; Sam Fulwood III, "Race and Beyond: Why Immigration Reform Is Good for All" (Center for American Progress, September 10, 2014); "Immigrants and Immigration: Answering the Tough Questions" (American Federation of State, County, and Municipal Employees, undated); "Foreign Workers Fill Hundreds of Sacramento-Area IT Jobs" (ABC10-TV, February 24, 2015).
(2) Evan Pérez and Corey Dade, "Reversal of Fortune: An Immigration Raid Aids Blacks—for a Time," *Wall Street Journal*, January 17, 2007.
(3) James Boswell and David Womersley, *The Life of Samuel Johnson* (New York: Penguin Classics, 2008), 612.
(4) Pérez and Dade, "Reversal of Fortune."
(5) David Card, "The Impact of the Mariel Boatlift on the Miami Labor Market," *Industrial and Labor Relations Review* 43 (1990).
(6) Ibid., 252.
(7) "The Economic Effects of Administrative Action on Immigration" (Council of Economic Advisers, November 2014), 9–10.
(8) George J. Borjas, Richard B. Freeman, and Lawrence F. Katz, "How Much Do Immigration and Trade Affect Labor Market Outcomes," *Brookings Papers on*

Economic Activity 1 (1997).
(9) George J. Borjas, "The Labor Demand Curve Is Downward Sloping: Reexamining the Impact of Immigration on the Labor Market," *Quarterly Journal of Economics* 127 (2003).
(10) Roger Lowenstein, "The Immigration Equation," *New York Times Magazine*, July 9, 2006.
(11) George J. Borjas, "The Wage Impact of the *Marielitos*: A Reappraisal," National Bureau of Economic Research Working Paper No. 21588, September 2015.
(12) Card, "Impact of the Mariel Boatlift," 249. 強調著者。
(13) Niraj Chokshi, "Why Immigration May Not Have a Big Impact on Wages," *National Journal*, May 2, 2013.
(14) George J. Borjas and Lawrence F. Katz, "The Evolution of the Mexican-Born Workforce in the United States," in *Mexican Immigration to the United States*, ed. George J. Borjas (Chicago: University of Chicago Press, 2007), 50. 強調原文。
(15) Frederick Douglass, *My Bondage and My Freedom* (New York: Dover, 1969), 454–55.
(16) Bryan Caplan, "Are Low-Skilled Americans the Master Race?" *Library of Economics and Liberty*, March 28, 2006.
(17) Gianmarco I. P. Ottaviano and Giovanni Peri, "Rethinking the Effects of Immigration on Wages," National Bureau of Economic Research Working Paper no. 12497, August 2006.
(18) "Immigration's Economic Impact" (Council of Economic Advisers, June 20, 2007), 4.
(19) George J. Borjas, Jeffrey Grogger, and Gordon H. Hanson, "Imperfect Substitution between Immigrants and Natives: A Reappraisal," National Bureau of Economic Research Working Paper no. 13887, March 2008.
(20) Gianmarco I. P. Ottaviano and Giovanni Peri, "Rethinking the Effects of Immigration on Wages," *Journal of the European Economic Association* 10 (2012).
(21) Ethan Lewis, "Immigration and Production Technology," *Annual Reviews of Economics* 5 (2013): 169.
(22) David Card, "Immigration and Inequality," *American Economic Review* 99 (2009).
(23) Patricia Cortés and Jessica Pan, "Foreign Nurse Importation to United States and the Supply of Native Registered Nurses," *Journal of Health Economics* 37 (2014), 164.
(24) Bernt Bratsberg and Oddbjørn Raaum, "Immigration and Wages: Evidence from Construction," *Economic Journal* 122 (2012).
(25) Giovanni Peri and Vasil Yasenov, "The Labor Market Effects of a Refugee Wave: Applying the Synthetic Control Method to the Mariel Boatlift," National Bureau of Economic Research Working Paper no. 21801, December 2015.
(26) George J. Borjas, "The Wage Impact of the *Marielitos*: Additional Evidence," National Bureau of Economic Research Working Paper no. 21850, January 2016.
(27) Peri and Yasenov, "Labor Market Effects of a Refugee Wave," 37.

第八章

(1) "The 'New American' Fortune 500" (Partnership for the American Economy, 2011); "Patent Pending: How Immigrants Are Reinventing the American Economy" (Partnership for the American Economy, 2012); Jean Leon Boucher, "The Nobel Prize: Excellence among Immigrants" (Institute for Immigration Research, George Mason University, November 2013).

(2) Matthew Denhart, Growth and Immigration: A Handbook of Vital Immigration and Economic Growth Statistics (George W. Bush Institute, December 4, 2012), 8; "Immigration Reform: Implications for Growth, Budgets, and Housing" (Bipartisan Policy Center, October 2013); Juan Carlos Guzmán and Raúl C. Jara, "The Economic Benefits of Passing the DREAM Act" (Center for American Progress, October 2012).

(3) George J. Borjas, "The Economic Benefits from Immigration," *Journal of Economic Perspectives* 9 (Spring 1995).

(4) Fabian Waldinger, "Quality Matters: The Expulsion of Professors and the Consequences for Ph.D. Student Outcomes in Nazi Germany," *Journal of Political Economy* 118 (2010).

(5) Fabian Waldinger, "Peer Effects in Science: Evidence from the Dismissal of Scientists in Nazi Germany," *Review of Economic Studies* 79 (2012).

(6) Gina Kolata, "Soviet Scientists Flock to U.S., Acting as Tonic for Colleges," *New York Times*, May 8, 1990.

(7) Ibid.

(8) Donald E. McClure, "Employment Experiences of 1990–1991 U.S. Institution Doctoral Recipients in the Mathematical Sciences," *AMS Notices* 42 (1995): 754.

(9) George J. Borjas and Kirk B. Doran, "The Collapse of the Soviet Union and the Productivity of American Mathematicians," *Quarterly Journal of Economics* 127 (2012).

(10) Timothy B. Lee, "Gates to Congress: Microsoft Needs More H-1B Visas," *Ars Technica*, May 13, 2008.

(11) William R. Kerr and William F. Lincoln, "The Supply Side of Innovation: H-1B Visa Reforms and U.S. Ethnic Invention," *Journal of Labor Economics* 28 (2010).

(12) "Foreign Workers Fill Hundreds of Sacramento-Area IT Jobs" (ABC10-TV, February 24, 2015).

(13) Giovanni Peri, Kevin Shih, and Chad Sparber, "STEM Workers, H-1B Visas, and Productivity in US Cities," *Journal of Labor Economics* 33 (2015): S227.

(14) Kirk B. Doran, Alexander M. Gelber, and Adam Isen, "The Effects of High-Skilled Immigration on Firms: Evidence from H-1B Visa Lotteries," National Bureau of Economic Research Working Paper no. 20668, November 2014.

(15) Julia Preston, "Pink Slips at Disney. But First, Training Foreign Replacements," *New York Times*, June 3, 2015.

第九章

(1) 引用は以下。Alex Nowrasteh, "Liberals Need to Choose: Welfare State or Immigration," *Huffington Post*, March 2, 2012.
(2) "Friedman on Immigration and the Welfare State," *Open Borders: The Case* (blog), undated, http://openborders.info.
(3) 引用は以下。Stephen Moore, "What Would Milton Friedman Say?" *Wall Street Journal*, May 29, 2013.
(4) Maria Santana, "5 Immigration Myths Debunked" (CNN Money, November 20, 2014).
(5) Jack Martin and Eric A. Ruark, "The Fiscal Burden of Illegal Immigration on United States Taxpayers" (Federation for American Immigration Reform, February 2011), 1.
(6) "Those Assimilating Immigrants," *Wall Street Journal*, October 7, 2015.
(7) John L. Czajka and Gabrielle Denmead, "Income Data for Policy Analysis: A Comparative Assessment of Eight Surveys" (US Department of Health and Human Services, December 2008).
(8) George J. Borjas and Stephen J. Trejo, "Immigrant Participation in the Welfare System," *Industrial and Labor Relations Review* 44 (1991).
(9) James P. Smith and Barry Edmonston, eds., *The New Americans: Economic, Demographic, and Fiscal Effects of Immigration* (Washington, DC: National Academy Press, 1997), 292–93.
(10) Steven A. Camarota and Karen Zeigler, "The Declining Fertility of Immigrants and Natives" (Center for Immigration Studies, March 2015).
(11) Smith and Edmonston, *New Americans*, 347.
(12) "Immigration's Economic Impact" (Council of Economic Advisers, June 20, 2007).
(13) Smith and Edmonston, *New Americans*, 325.
(14) Betsy McCaughey, "ObamaCare Is Entering Its Dreaded 'Death Spiral,'" *New York Post*, October 19, 2015.

第十章

(1) 映画『ウディ・アレンのバナナ』から。